文鮮明先生の自叙伝に学ぶ

心のあり方

浅川勇男

光言社

はしがき

人は誰でも幸福を求めて生きています。例えば、結婚するのは幸福のため、子共を育てるのも幸福のためです。一般的に、親が子供に願うのは幸福な結婚と家庭生活をすることです。そして、多くの孫に囲まれて幸福な老後を過ごしたいと願っています。

では、あなたは願いどおり幸福になれましたか？　現実には、なかなか思うようになれません。なれるようでなれないのが幸福です。

車の運転は、自動車教習所の指導員が教えてくれます。英会話は、英語学校の教師が教えてくれます。では、真の幸福になることを教えてくれる教師はどこにいるのでしょうか。

人は体だけでなく心で生きています。心で幸福を感じます。では、どんな心で生きれば幸福になれるのでしょうか。幸福を引き寄せる心のあり方とは、どんな心なのでしょうか。それをはっきりと教えてくださる先生がいます。その方こそ、自叙伝の著者である、平和を愛する世界人、文鮮明《ムンソンミョン》先生なのです。

自叙伝を読めばそのことが確信できます。文鮮明先生は人類を幸福にするために生涯を捧げられました。少年の頃、既に、その志を固められていたのです。

「私は人々の流れる涙をぬぐい、心の底に積もった悲しみを吹き払う人になりたかったのです。……人々に幸福をもたらす者になろうという心だけは固まっていきました」（『平和を愛する世界人として』以後、自叙伝58ページ）

十五歳のとき、霊的にイエス・キリストと出会い、天命を授かりました。

「苦しんでいる人類のゆえに、神様はあまりにも悲しんでおられます。地上で天の御旨《みむね》に対する特別な使命を果たしなさい」（自叙伝62ページ）

幸福を求めて葛藤している私たちも、「苦しんでいる人類」の一人です。正に、私たちを幸福にして、神様を喜ばせてさしあげるために、文鮮明先生は苦労の道を歩まれたのです。迫害、誹謗《ひぼう》中傷、逮捕、拷問、強制労働、ありとあらゆる苦難が津波のように襲いましたが、一度も、ひるんで後退したことはありませんでした。文先生の人類に対する真《まこと》の愛がそうさせたのです。

「真なる愛は、与え、また与えても、なお与えたい心です。真なる愛は、愛を与えたということさえも忘れ、さらにまた与える愛です。私は生涯、そのような愛に酔って生きてきました。愛以外には、他のどのようなものも望んだことはなく、貧しい隣人たちと愛を分かち合うことにすべてを捧げてきました。愛の道が難しくて涙をあふれ、膝をへし折られても、人類に向かう愛に捧げたその心は幸福でした。今も私の中には、いまだすべて与えきれない愛だけが満ちています」（自叙伝5―6ページ）

自叙伝には、幸福になるための心のあり方が、百科事典のように散りばめられています。その中から、真の愛に輝く十二個の言葉を選んでみました。

文鮮明先生は「言葉には魂があります」（自叙伝289ページ）と言われます。十二個の言葉は、文鮮明先生の魂であり、真の愛にあふれています。言葉を学習すれば、幸福になるための心のあり方が分かります。

そして、学ぶだけではなく、文鮮明先生の真の愛の魂に触れてください。あなたの人生に、魂の覚醒を起こしてください。困難に立ち向かう勇気と希望を抱いてください。そのために、訓読と書写があります。

自叙伝の言葉を、声を上げて読み、耳で聞きます。言葉に込められた真の愛が心の中に入り込んできます。魂が覚醒して言葉と同化します。これを、訓読といいます。訓読は「魂の食事」です。

さらに、み言《ことば》を紙に書いて、瞑想《めいそう》します。これを、訓読書写と言います。紙は書く人の心を現しています。言葉の書写を通して、み言を心に書き写すのです。文鮮明先生の真の愛の心を自分の心に書き写すのです。心の移植をするのです。こうして、心のあり方を「学ぶ」だけではなく、「心そのものに成る」のです。

訓読書写に関しては、既に拙書『心の書写』（光言社）が第一集として出版されています。本書は、既に訓読書写している方々にとっては、第二集の自叙伝書写講座になります。

本書が、皆様の心のあり方を革新して、至福の人生開門の一助となれば幸いです。

著者

目次

【第一章】

苦しんでいる人類を救い、神様を喜ばせてさしあげなさい

祈りでずっと夜を過ごした後、明け方になって、イエス様が私の前に現れました。風のように忽然《こつぜん》と現れたイエス様は、

「苦しんでいる人類のゆえに、神様はあまりにも悲しんでおられます。地上で天の御旨《みむね》に対する特別な使命を果たしなさい」と語られたのです。

その日、私は悲しい顔のイエス様をはっきりと見、その声をはっきりと聞きました。イエス様が現れた時、私の体はヤマナラシの木が震えるように激しく震えました。その場で今すぐ死んでしまうのではないかと思われるほどの恐れ、そして胸が張り裂けるような感激が一度に襲いました。イエス様は、私がやるべきことをはっきりとお話しになりました。苦しんでいる人類を救い、神様を喜ばしてさしあげなさい、という驚くべきみ言《ことば》でした。(自叙伝62—63ページ)

神様が十五歳の私に現れたのは、人類始祖の犯した罪の根が何であるかを伝え、罪と堕落のない平和世界を築こうとされたためでした。人類が犯した罪を贖罪《しょくざい》し、太古の平和世界を復元するように、というのが、私が神様から授かった厳重なみ言でした。神が願う平和世界は死んでから行く天国ではありません。神の願いは、私たちが生きるこの世の中が、太古に創造されたその場所のように、完全に平和で幸福な世界になることです。(自叙伝89ページ)

今、あなたは幸福ですか？

人は誰でも幸福を求めて生きています。結婚するのは幸福になるためです。この伴侶と結ばれたら誰よりも幸福になれると確信して結婚するのです。あえて不幸になるために、親族を集めて披露宴をするカップルがいるでしょうか。誰も参加したがりません。

女性は陣痛の痛みを乗り越えて子女を出産します。しかも、母親は子供が夜泣きをすれば起き、大小便の世話までしてあげます。そんな苦労をしてまで子供を育てるのも幸福になるためです。そして、子供が青年になったら、親の願いはただ一つ、子供が幸せな結婚をすることです。男の子が結婚すれば、嫁を迎えます。そして、かわいい孫を育てます。多くの孫に囲まれて最高の晩年を過ごすのです。老後こそ人生で至福の時なのです。

では、死後はどこに行くのでしょうか？　決まっています。天国、極楽浄土です。このように、人はこの世でも、あの世でも、幸福を願っています。

でも、その願いは果たされていますか？　あなたは、今、至福を家族で味わっていますか？　あなたのお父さん、お母さんは、とっても幸せそうでしたか？　ご先祖様たちは、この世で幸福を味わい、あの世でも、喜びを満喫しているのでしょうか？

答えは「……」です。

大半の奥さんたちの悩みは夫婦関係です。幸せになるはずだった夫との関係が一番の苦しみになっています。お客様からは評判の良いというご主人でも、妻からは忌み嫌われている方もいます。仕事が終わって、帰途では、体を温めて正気を失わなければ、家に帰れないご主人さんもいます。

血を分けた親子関係はどうでしょう。親の大半の悩みは子供から生じています。かわいかったのは物心つくまでで、言葉をしゃべられるようになってから、親は子供の言葉や態度で傷つくことが多くなります。思いどおりに育たず、親の苦しみの種となる子供もいます。子供もまた親の愛情不足で悩んでいます。

「世界で一番怨《うら》んでいるのは母親です」と言った娘さんもいるそうです。親子が怨讐《おんしゅう》関係になっているのです。

嫁姑《しゅうとめ》の関係はどうでしょう。嫁は実の娘より大切だといわれますが、ある姑は言いました。「気が利かない嫁は腹が立つ。気が利きすぎる嫁はもっと腹が立つ」。

ある嫁は、姑が挨拶に来ても家に上げないで、お土産の品物だけはしっかり頂くそうです。「お土産は靴棚の上に置いて帰ってください」。姑は嫁の心をつかむためには金しかない、と悟って言ったそうです。「地獄の嫁も金しだい」。

東京から名古屋までは新幹線で一時間半で着きますが、幸福という名の駅には、始発から何十年走り続けても到着しないようです。では、どうしたら、幸福になれるのでしょうか？

幸福になるための三つの取り組み

幸福になるためには、三つの取り組みが必要です。三つとはどんな取り組みなのでしょうか？　知ってみれば、あまりにも単純明快です。そして、当たり前のことです。

第一は、私を幸福にしてくれる人に出会うことです。人生の幸不幸は出会いで決まります。私を幸福にしてくれる確かな生き方を教えてくれる人と出会えばいいのです。車の運転が上達したければ、上手な運転指導員と出会えばいい、子供の成績をアップしたければ、優秀な家庭教師と出会えばいいのです。「もう出会ったけど不幸になりました」と言わないでください。多分、夫のことだと思いますが、大丈夫です。これから出会う人だけでなく、既に出会っている夫や妻、親子、嫁姑、職場の人たちとの向き合い方を教えてくれる方との出会いです。今、不幸でも、それを幸福に転換してくれる人との出会いなのです。人生の真の教師との出会いです。

第二は、素直に耳を傾けるということです。どんなに、ためになる話でも反発しながら聞けば心に入りません。私を幸せにする人は必ず何かを諭してくれます。古来、聖人といわれる人は必ず良い話をしました。イエス・キリストやお釈迦《しゃか》様もそうです。一生、無言だった聖人などいません。語った教えが世界に拡大して今日でも大きな影響を与えているのです。それを素直に聞き入れた人だけが、救われたのです。

三番目は、実践するということです。花の種は蒔《ま》かない限り絶対に芽が出ず、花も咲きません。蒔かない種は実らないのです。どんなに、「素晴らしい花が咲くよ。実が実るよ」と言われても、聞いただけでは、実りません。素晴らしい話も、素直に聞いただけでは結果は出ません。聞いたとおりに実践しなければ結果は出ないのです。幸福の種は蒔かない限り芽を出さず、花も咲かないのです。

第一に、私を幸福にしてくれる人と出会うこと。

第二に、素直に話を聞くこと。

第三に、実践すること。

この三つが幸福になる取り組みなのです。

文鮮明《ムンソンミョン》先生との出会い

この中で、最も大切なのは、私を幸福にしてくださる人との出会いです。

では、そんな方がいるのでしょうか？　いるのです。あなたは、今、『平和を愛する世界人として』（以後、自叙伝）を読むことなどを通して、文鮮明先生と出会っていますね。その出会いが、実は、永遠の幸福との出会いなのです。では、どうしてそう言い切れるのでしょうか？　それは、この方の生涯を見れば確信できるのです。

自叙伝をじっくりと読めば、この方が「あなたの幸福のために生涯をかけた」人であることが分かるはずです。文鮮明先生は、一九二〇年に、現在の北朝鮮、定州《チョンヂュ》にお生まれになりました。文家の家風は文鮮明先生の曾祖父から始められました。それは、家に食事を乞う人が来たら、必ず食べさせてあげるという伝統でした。

人に食事を振る舞う家風だけは相変わらずで、家族が食べる分がなくても人を先に食べさせました。おかげで、私がよちよち歩きを始めて最初に学んだことが、まさしく人にご飯を食べさせるということでした。……母は八道（全国）の各地からやって来て家の前を通る人のために、いつでもご飯を作って食べさせました。乞食がご飯を恵んでくれと言ってきて、すぐにご飯を出さなければ、祖父がまず自分のお膳をさっと持って行きました。そのような家庭に生まれたせいか、私も……ご飯を食べさせる仕事が他のどんなことよりも貫く重要です。ご飯を食べる時、ご飯を食べられない人がそこにいれば、胸が痛く、喉が詰まって、スプーンを持つ手がそのまま止まってしまいます。（自叙伝21―22ページ）

文鮮明先生は人々の苦しみや悲しみを見ると自然と涙が込み上げてきて、愛の手を差し伸べる少年として育っていきました。そして、青年になると、人生の方向性を定めました。元来、自然観察や分析が大好きでしたから、科学者になろうかとも思ったそうですが、人々への愛がそうさせませんでした。

科学者になってノーベル賞を取ったとしても、ぼろを身にまとい、飢えた人たちの涙をぬぐい去ることはできないと思ったからです。

私は人々の流れる涙をぬぐい、心の底に積もった悲しみを吹き払う人になりたかったのです。森の中に横になって鳥たちの歌声を聞くと、「あのさえずりみたいに、誰もが仲良く暮らせる世の中を築こう。一人一人の顔をかぐわしい花のように素晴らしくしてあげたい」という思いが自然と沸き上がってきました。（自叙伝58ページ）

人類を幸福にするために、どう生きるべきか、深刻に悩みました。教会に通い聖書も読んでみましたが確かな回答が見つかりません。そこで、神様に涙ながらに祈ったのです。十五歳の時のことです。生涯を決定する驚嘆すべき出来事が起こりました。

私は涙を流して何度も何度も神様に尋ねました。祈りでずっと夜を過ごした後、明け方になって、イエス様が私の前に現れました。風のように忽然《こつぜん》と現れたイエス様は、

「苦しんでいる人類のゆえに、神様はあまりにも悲しんでおられます。地上で天の御旨《みむね》に対する特別な使命を果たしなさい」と語られたのです。

その日、私は悲しい顔のイエス様をはっきりと見、その声をはっきりと聞きました。イエス様が現れた時、私の体はヤマナラシの木が震えるように激しく震えました。その場で今すぐ死んでしまうのではないかと思われるほどの恐れ、そして胸が張り裂けるような感激が一度に襲いました。イエス様は、私がやるべきことをはっきりとお話しになりました。苦しんでいる人類を救い、神様を喜ばしてさしあげなさい、という驚くべきみ言でした。（自叙伝62―63ページ）

文鮮明先生の生涯を決したのは、イエス・キリストとの出会いだったのです。

文鮮明先生の生涯は、苦しんでいる人類（私たちを含めて）を幸福にして、神様を喜ばせるために捧げられたのです。そのため、誤解、中傷、迫害、逮捕、拷問、などあらゆる困難に遭いましたが、救いの手を止めることはありませんでした。

日本の植民地時代と北朝鮮の共産政権、大韓民国の李《イ》承晩《スンマン》政権、そしてアメリカで、生涯に六回も主権と国境を超えて、無実の罪で牢屋暮らしの苦しみを経て、肉が削られ血が流れる痛みを味わいました。しかし今、私の心の中には小さな傷一つ残っていません。真《まこと》の愛の前にあっては、傷など何でもないのです。真の愛の前にあっては、怨讐《おんしゅう》さえも跡形もなく溶けてなくなるのです。（自叙伝5ページ）

では、苦しんでいる人類とは誰なのでしょう？　もちろん、世界中で生きている七十億の人々ですが、今、この本を読んでいる、あなた自身でもあるのです。あなたが真の幸福になること、それが神様の喜びになるのです。

だから、文鮮明先生との出会い、それは、真の幸福との出会いなのです。あなたを幸せにするために、真の愛が手を差し伸べたのです。今、差し出された愛の手を握って一歩踏み出すか否かは、あなた自身にかかっています。あとは、「素直に聞いて」「実践してみる」だけなのです。

ある中学教師の忘れられない思い出

神様と人類と文鮮明先生の立場を想起させる感慨深い実話があるので紹介します。市販の雑誌に掲載された、ある中学教師の忘れられない思い出です。女性教師は、中学生の文集に、一つの俳句を見つけて衝撃を受けます.

「母恋し夏の夜空となりにけり」

これを作ったのは中学二年生のA子でした。病気のために母親が亡くなったのです。残されたのは、中一の妹と四歳の弟、父親と七十を超えた祖母でした。家事の一切はA子の肩にかかってきました。最初は、弟の母親代わりとして努力をしましたが、やがて耐えられなくなりました。中三になり受験の重荷がかかると、心も生活も乱れ始めました。マニキュアをつけ、パーマをかけて、理由のない欠席をするようになりました。

女性教師は、A子の担任となりました。ある日、欠席した彼女から電話がきたのです。あまりにも苦しそうな声だったので、昼食のおかずを買って家に飛んでいきました。布団を被ってA子は涙をぽろぽろ流しながら訴えました。

「こんな家、おもしろくない。みんな幸せそうなのに、なんで私だけこんな苦労せんといかんの。成績も下がる一方、高校は行きたいのに——でも、この家に居《お》ったんではあかん。先生、わたし、家出したい……」。

教師は泣きじゃくるA子を励ましながらも、どうすることもできない空しさに襲われました。クラスの子たちは、自分のことで精いっぱいで、派手な振る舞いをするA子に近づく者はほとんどいませんでした。教師はA子のことを考えるたびに落ち込むばかりでした。教師の顔から明るさと笑顔が消えていきました。

そんな日々が続いているときのことです。教師が廊下を歩いていると、同じクラスの香織という子が、声をかけてきました。

「先生、私にA子さんを誘わせてください。明日から毎日A子さんを誘って歩いてきます。私の家より向こうだけど誘いに行きます。先生がA子さんのこと、とても心配している気持ちよくわかるんです。今、私にできることは、A子さんを毎朝誘いに行って、せめて欠席のないようにすることだけです」。

教師は驚きながらも、喜んで頼みました。それからの出来事は教師が一生忘れられない感動を呼び起こすことになったのです。教師は語っています。

Ａ子は最初の日びっくりしたという。しかし感激の方が大きかった。私のことなんか誰も……と思っていた時に香織の朝の誘い、そしてそれは三月の卒業までずっと続いたのだから。歩く仲間は増えた。一人増え、二人増え、三月には五人の友に囲まれて、嘘《うそ》のように元気な明るいＡ子の姿が見られるようになったのである。

（香織さんありがとう）私は何度心の中で叫んだかしれない。

無事高校入試も終わり、Ａ子も見事希望高校に合格。喜びの中で中学の卒業式を迎えた。この日、式場へ移る前に、私は教室へ足を運んだ。教室の中は喜びに沸き、ひとりひとりの満足しきった表情を見て、私は思わず涙をこぼしてしまった。そんな私の前へ、つかつかと香織が歩み出て来たのである。（香織さん、本当にありがとう）手を差し伸べながら私が言おうとした時、それよりも早く、彼女の口から、

「先生、ありがとうございました。Ａ子さんと歩かせてくれてありがとうございました」

という言葉が飛び出たのである。

私はとまどった。そんな私におかまいなしに香織は続けた。

「Ａ子さんと同じクラスになれて、Ａ子さんと歩けたことは、今の私にとってこの上なく大きな幸福であったと思っています。歩きながら、私は本当にたくさんのことを考え

させられました。Ａ子さんと歩いて、自分の心が素直に開いていくのを感じたのです。自分勝手でわがままだった私を変えてくれたのは、Ａ子さんとの出会いなんです。先生、ありがとうございました。そして、Ａ子さん、ありがとう」。

教師として子供たちに接して十余年、これほど私の心を揺さぶった言葉はない。Ａ子を見事に立ち直らせ、しかもそのことですばらしい心を育てた香織。

苦しみを背負う人たちに係《かか》わって、共に歩むということは、自己中心的な考え方を多く持つ子供たちの中では、全く意味のないことと思われているに違いない。しかし、この香織の一言で私は大きく変えられた。（ＰＨＰアーカイブス、私を支えた一言「ＰＨＰ」ベストセレクション、ＰＨＰスペシャル２月増刊号Ｖｏｌ．１、ＰＨＰ研究所、22―25ページ）

苦しみ喘《あえ》ぐＡ子が人類の立場。Ａ子を見つめて悲しむ教師が神様の立場。教師の悲しみを思ってＡ子を救い、教師を喜ばせた香織さんは文鮮明先生の立場。そう考えてみたらどうでしょうか。

神様の喜びとは、苦しんでいる人を救うこと、なのです。時として、私たちは自分が苦しみから解放されるために神様を求めます。神様に寄りすがり、願います。

しかし、神様は目の前で苦しんでいる人を救うことを願われているのです。もし、私たちが、自分の苦しみよりも、もっと苦しんでいる人に関心をもち、心を向けてみたら、手を差し伸べてみたら、きっと、神様はお喜びになるに違いありません。

だから、人類という言葉を、夫や妻に、親や子に、嫁や姑に、そして、知人友人に置き換えてみましょう。

「苦しんでいる夫を救って、神様を喜ばせてさしあげなさい」

「苦しんでいる妻を救って、神様を喜ばせてさしあげなさい」

【第二章】

愛の刀で苦悩を断ち切る

私に取り柄があったとすれば、神を切に求める心、神に向かう切ない愛がそれだったと言えます。いつ、いかなる場所でも最も大切なものは愛です。神は、愛の心を持って生き、苦難にぶつかっても愛の刀で苦悩を断ち切れる人を求めて、私を呼ばれたのです。私は何も自慢できるものがない田舎の少年でした。この年になっても、私はただひたすら神の愛だけに命を捧げて生きる愚直な男です。（自叙伝67ページ）

真《まこと》の愛とは、自分の命までも捨てることができるものです。そこにはいかなる計算もありません。母鳥が命を捨ててまで雛《ひな》を守ろうとするその心は、真の愛そのものです。父母はいくらつらくても愛の道を行きます。愛の前に自分の命を投げ出していくのが父母の心であり、真の愛です。（自叙伝219ページ）

あなたが、あなたよりもう少し苦しんでいる伴侶を思いやり、その悲しみを感じることができれば、幸福の門は開かれるのです。

幸せをもたらす心、不幸をもたらす心

私たちは誰でも幸福を求めて生きています。幸福は愛することによって得られます。それは当然のようですが、愛して本当に幸福になれましたか？

妻として献身的に夫に仕えたのに、感謝されず黙殺されたことはありませんか。そのとき、憎しみをもちませんでしたか。夫のせいで不幸にさせられた、と思い込んでいませんか。もし夫が不幸の原因であれば、あまり希望はありません。なぜなら、夫がこの先、十年、二十年、妻が願う性格に変わらなければ、幸福になれないからです。しかも、夫の変化を期待しているうちに、お迎えが来るかもしれません。

しかし、ご安心ください。不幸の原因は、夫のせいではありません。原因はあなた自身の心にあるのです。ちょっときつい言葉で言えば、あなたの幸福を求める心が意志薄弱なのです。「愛の心で苦悩を断ち切る」ことができなかった結果なのです。人間には二つの

心があります。

一つは、自分と相手を幸福に導く心。

一つは、自分と相手を不幸に陥れる心。

自分と相手を不幸に陥れる心とは、憎しみ、過度な怒り、怨み、嫉妬、不平不満、自己卑下、落ち込み、そして、他のせいにする心です。

これらの心は悪性腫瘍《しゅよう》のようなものです。私たちの苦悩は、悪性腫瘍のような心からくるのです。人のせいではなく、自分自身の悪性の心から生じているのです。夫が妻に暴言を吐いた場合、妻は夫のせいで傷ついた、と思い込みます。そうではありません。夫の言葉に対する妻の怒りの心が自分を苦しめているのです。許せないと思う心が自分を苦しめているのです。その証拠に、窓ガラスに向かって「ばかやろう」と何度怒鳴っても傷つきません。窓ガラスには怒りの心がないからです。夫婦の口論で窓ガラスが割れたら大変なことになります。毎日夫婦喧嘩する家は地震が来なくても倒壊します。

人は相手の言葉を自分の心で受け止めてから反応しているのです。その心の反応が、憎しみや怒りになったとき、その心が自分を苦しめているのです。

プライドの高い人は、「ばか」と言われると怒ります。自分は賢いと思い込んでいるからです。しかし、自分は「ばか」だと思っている謙遜な人は、腹がそれほど立ちません。事実を言われただけだからです。

自分と人を不幸にする心

自分と人を苦しめる〝横綱級の心〟があります。番付表ではいつでも上位を保っています。「怨《うら》み」です。怨んで幸福になった人はいません。怨みとは誰かを怨むわけですが、実は怨む心が自分を苦しめているのです。怨みの恐ろしさは、相手がこの世から消えることを望む思いに進化することです。

お姑《しゅうとめ》さんの命日になると必ずお墓参りするお嫁さんがいたそうです。それはそれは、熱心に供養しています。

住職さんは、いまどきのお嫁さんにしては見上げたものだと、感心していました。ところが、ある命日のことです。供養が終わってから、お嫁さんが住職に悩み相談にきたそうです。その話を聞いて、住職さんは仰天しました。

「実は、私は姑の命日がくるたびに苦しんでいるのです。供養の最中、姑が私に浴びせた暴言を思い出して、怨みが湧いてきてしまうのです。どうしたらいいのでしょうか、もう耐えられません」。

姑が亡くなっても嫁の怨みの心は無くならなかったのです。怨みとは相手が死んでも残存する恐ろしい不治の病なのです。

人は病気になれば、必ず病院に行き、重症であれば入院して手術を受けます。悪い菌を取り除いたり、腫瘍を切り取ったりします。

ところが、人は不思議なことに、心に付着した腫瘍は取り除けないのです。悪なる心をしっかり身につけて離しません。愛蔵品のように大事にしまっておく人もいます。悪なる心は、あまりにも大切にされるので、すっかり居心地が良くなって、心に居座っているのです。日頃は、おとなしくしていますが、いざとなると激しく活動して〝残業〟もいといません。心の持ち主を不幸のどん底に落とすためなら何でもします。人を傷つける暴言を送信し、他人の叫びは受信せず、自動消去します。たちの悪いスマートホンのようです。

このように、苦しみは自分自身の悪なる心が発動して生じているのです。しかも、悪なる心は、持ち主を三つの「れる」に拘束して、死に至る病にかからせます。

三つの「れる」とは、まず、過去の怨みに、「とらわれる」です。

次に、今の苦しみに、「さいなまれる」です。

そして、未来を「恐れる」です。

過去の出来事のために、現在を失い、まだ来てもいない未来も失うのです。「あすも、きのうと同じようにひどい目に遭うに違いない」と、恐れを抱き、希望を捨てるのです。

悪なる心を断ち切る真の愛

この悪なる心を断ち切らない限り、幸福にはなれません。幸福とは、愛する心、愛を感じる心、感謝する心、素直な心、謙虚な心、そしてすべてに責任を取ろうとする心から生じます。

では、どうしたら悪なる心を断ち切れるのでしょうか？　愛の刀で断ち切るのです。ただし、それは普通の愛ではありません。

普通の愛とは、「我」がある愛です。自己本位に人を愛する愛です。「我」があれば、必ず心に傷がつきます。柱にナイフを刺せば傷がつくでしょう、柱という形があるからです。しかし、空気は決して傷がつきません。ひたすら、人のために存在している空気には「我」

という形がないからです。一〇〇パーセント人のために生きていのです。人のために生きる心には、我がないのです。もし、どこかに我が潜んでいれば、傷がつきます。

もし、自分が幸せになりたいために、夫を愛しているなら、妻は夫の一言で傷つきます。妻は「夫の言葉が私を傷つけたので愛せなくなった」と言うことでしょう。しかし、真実は違います。妻の心の底に「我」があるので傷ついたのです。傷つけば歩けなくなるように、夫を愛する心が停止してしまったのです。

「我」のある愛は、憎しみや怨みを断ち切ることはできません。「我」という根源が同じだからです。「私が」不幸にさせられた。「私が」面子を潰された。「私が」不愉快な思いにさせられた、「私が」尽くしたのにお返しがない。「私が」愛されたい。

「私が」の心は、憎しみの心、許せない心、そして怨みの心へと肥大するのです。そのため、「我」の入った愛は、鈍くてほころびやすく、そのため、憎しみの心を断ち切れません。簡単に折れてしまい、逆に怨みの刀で断ち切られてしまうのです。

真の愛は、「我」がない愛です。相手の幸福のために生きるという純度一〇〇パーセントの愛なのです。空気のような愛なのです。与えたことを忘れて、また与える心なのです。相手が不幸であれば、自分の不足を恥じてさらに、与える愛なのです。父母がひたむきに子女に与える無償の愛なのです。

それゆえ、真の愛の刀だけが、怨みや憎しみの心を、断ち切ることができるのです。文鮮明先生の素晴らしさは、「我」のない、真の愛で人類を愛されたことです。迫害や拷問、牢獄、誹謗《ひぼう》中傷など、ありとあらゆる困難に出遭いました。

もし、普通の愛であれば、傷だらけとなり、途中でやめていたかもしれません。しかし、こう言われます。

日本の植民統治時代と北朝鮮の共産政権、大韓民国の李承晩《イスンマン》政権、そしてアメリカで、生涯に六回も主権と国境を超えて、無実の罪で牢屋暮らしの苦しみを経て、肉が削られ血が流れる痛みを味わいました。しかし今、私の心の中には小さな傷一つ残っていません。真の愛の前にあっては、傷など何でもないのです。真の愛の前にあっては、怨讐さえも跡形もなく溶けてなくなるのです」（自叙伝5ページ）

韓流ドラマ『ピアノ』

さて、真の愛を彷彿させる韓流ドラマがあります。『ピアノ』といいます。キリスト教の「汝の敵を愛せよ」がテーマとなっています。このドラマを見ると、真の愛がよく分かります。

あるヤクザがいました。それもヤクザ連中から軽蔑されるほど卑屈で根性のねじれた男です。年老いた屋台の老人からお金を平気でむしり取ります。泣きすがっても無慈悲に蹴飛ばしてしまいます。全く良心の呵責《かしゃく》を感じません。地面に落ちた小銭もなめるように掻き集めます。恥を知りません。人々から「犬畜生」と罵《ののし》られても気にしません。挙げ句の果てに子供の小遣いまで取ってしまいます、血も涙もない悪党なのです。

ところが、その男がある女性と相思相愛になります。その女性は、未亡人で子供が二人いました。娘と息子です。女性はピアノ教室を運営して子供を養っていました。

気立てが良く慈悲深い女性でした。女性はこの畜生にも劣る（動物に失礼ですが）男性を愛して更生させたのです。ヤクザは妻の愛によって本性が蘇《よみがえ》り、まともな男になりました。

しかし、長男は納得しません。亡きお父さんを深く愛し尊敬していたからです。なぜ、「よりもよって、お母さんはヤクザの男と再婚したのか……」、全く理解できませんでした。「きっと男にだまされたに違いない」、そう思って男を憎んでいたのです。

そして、悲劇が起こります。結婚記念日に夫婦で海に出かけ、不慮の事故で女性が水死してしまったのです。子供は、男が「お母さんを殺したのだ」と決めつけました。激しく男を憎悪し家を出てしまいます。そして、非行に走り、ついにヤクザになってしまうのです。男は何度も子供に愛の手を差し伸べますが、受け入れてもらえません。行くたびに激しく罵られ、罵倒されます。学校を退学されそうになったとき、地べたに頭をつけて校長に謝ったこともあります。できる限りのことをしたのです。亡き妻への思いがそうさせたのです。

「たとえ、血のつながりがなくても、妻の子を実の子として愛したい」、その思いで尽くそうとしたのです。しかし、全く実りませんでした。やがて彼は愛することに疲れ果ててしまいます。心は傷だらけになり、満身創痍《そうい》になりました。

そんなある日、打ちひしがれて坂道を上っていくと、懐かしいピアノの音が聞こえてくるではありませんか。それは、聞き覚えのあるピアノ曲でした。妻の大好きな曲だったのです。彼は、その家の門を開けてみました。ピアノの音が止まり、美しい女性が出てきました。彼は、その女性に自分の悩みを打ち明けました。女性は熱心なクリスチャンだったのです。女性は言いました。「それなら、教会の礼拝に参加して、イエス様の教えを聞いてみたらどうですか」。

彼は、生まれて初めて礼拝に参加しました。そして感動したのです。イエス様は罪を犯した者を裁かず、むしろ、彼らを救うために、自分の命を捧げたのだ……。

「人が友のために命を捧げること、それ以上の愛はありません」。

彼は悟りました。「自分は精いっぱい、妻の子供を愛したつもりだったが、それは、十分ではなかった。自分の命までは懸けていなかった。本当の愛ではなかったのだ……」。

その時から、彼は何度子供から拒否されても、不安や恐れを抱かなくなったのです。真の愛が、恐れをなくしたのです。

子供から何度罵倒され殴られても、彼は傷つかなくなりました。「断るなら何度でも断れ、でも俺はお前を愛している。何も恐れないぞ……」。彼は涙を流して訴え、愛し続けました。

やがて、事件が起きます。子供はヤクザの抗争に巻き込まれ、一発の銃弾が打ち込まれます。その場に居合わせた父は何の躊躇《ちゅうちょ》もなく子供の前に飛び出していきます。そして、銃弾に当たりました。彼は血を出して倒れます。既に意識不明になりつつあり、息は途絶えようとしています。子供はその時初めて気がついたのです。男は本当の愛で愛していたことを……そして、男が命を懸けて聞きたかった言葉をかけてあげるのです。

「お父さん、お父さん、死なないでください……」。

初めて聞く「お父さん」という言葉を聞いて、男は満たされたように息を引き取っていきます。子供は、男の命を懸けた真の愛によって更生したのです。

後日、子供はピアノの先生にお礼をするため坂道の家を訪ねました。懐かしいピアノの音が聞こえてきます。幼い頃、母親がよく弾いていた曲です。玄関の扉を開いてみました。同時にピアノの音は止まります。しかし、不思議なことに、家には誰もいなかったのです。それどころが、空っぽでした。数年来、この家には人は住んでいなかったのです。では、あのピアノを弾く女性は誰だったのか？　ドラマはここで終わります。

文鮮明先生は真の愛について語られています。

真の愛とは、自分の命までも捨てることができるものです。そこにはいかなる計算もありません。母鳥が命を捨ててまで雛を守ろうとするその心は、真の愛そのものです。父母はいくらつらくても愛の道を行きます。愛の前に自分の命を投げ出していくのが父

母の愛であり、真の愛です。（自叙伝２１９ページ）

【第三章】

お互いを認め合い助け合って生きる

お互いを認め合い助け合って生きる――これが宇宙の真理です。取るに足りない動物もそのことを知っています。犬と猫は仲が悪いといわれていますが、一つの家で一緒に育ててみると、お互いの子を抱きかかえ合って親しくなります。植物を見ても分かることです。木に絡まって上に伸びていく葛《くず》は、木の幹に寄り掛かって育ちます。だからといって、木が「おまえはなぜ私に巻き付いて上がっていくのか」と葛を責めたりはしません。お互いに為《ため》に生きながら、共に生きることがまさに宇宙の原理です。（自叙伝18―19ページ）

助け合うこともまた、天が結んでくれる因縁です。その時はよく分からなくても、後で振り返ってみて、「ああ、それで私をその場に送られたのか」と悟るようになりました。ですから、突然私の前に助けを乞う人が現れたら、「天がこの人を助けるようにと私に送られたのだ」と考えて、心を込めて仕えます。天が「十を助けなさい」と言うのに、五しか助けないのでは駄目です。「十を与えよ」と言われたら、百を与えるのが正しいのです。人を助けるときは惜しみなく、財布をはたいてでも助けるという姿勢が大切です。（自叙伝74ページ）

為に生きるのが宇宙の原理

人は誰でも幸福を求めて生きています。ではどのように生きたら幸福になれるのでしょうか？　文鮮明《ムンソンミョン》先生は、少年の頃から人の幸せを真剣に考え悩みました。「私は人々の流れる涙をぬぐい、心の底に積もった悲しみを吹き払う人になりたかったのです。……人々に幸福をもたらす者になろうという心だけは固まっていきました」（自叙伝58ページ）

文鮮明先生が悟られたのが、人は「宇宙の原理」に従って生きれば幸福になれる、ということでした。では、宇宙の原理とは何でしょうか？　とても単純な原理です。お互いを認め合い、助け合って生きることなのです。まず与え、そして、受けることです。まず、愛して、それから愛されることです。

神様が創造された宇宙はその原理によって動いています。忠実に実践しているのが、太陽と空気です。地球創成以来、一貫して人間に与え続けています。人間の生存には絶対不可欠なものです。この二つがなければ人間は生存できません。

ところが、多くの人が感謝していません。太陽と空気に、毎日「ありがとう」と挨拶している人がいますか？　子供が友達からプレゼントをもらえば、「ありがとう」と言います。困窮したときお金を支援されれば誰でも「ありがとうございます」と言います。無償であればなおさらです。太陽や空気は感謝されなくても、与え続けているのです。

文鮮明先生は「空気とは何か。愛である」（『成和学生の道』54ページ）と語られています。空気がなければ人は瞬間的に死んでしまいます。生活に絶対不可欠な空気を私たちはただで、頂いているのです。光熱費などのように、今月の「空気吸い込み料金請求書」は来ないのです。節約主義のお母さんが子供に「今月は空気を吸いすぎよ。ときどき、息を止めなさいよ」などと怒らないのです。

太陽はどうでしょう。地球が誕生して以来、光と熱を与え続けています。人間が戦争やテロを行っても与え続けています。光や熱を悪用されても忍耐強く注いでいます。しかも、ただです。水道、ガス、電気には公共料金がかかります。しかし、有り難いことに、太陽からは、請求書が来ません。

節約主義のお母さんが子供に「今月は太陽に当たりすぎよ。日射料金がいつもより高いじゃない。家に閉じこもっていなさいよ」などと怒ったことはないのです。

太陽や空気は宇宙の原理を率先躬行《きゅうこう》しています。「宇宙の原理」は、まず与えて「お互いを認め合い、助け合って生きている」ことなのです。この原理にそって生きれば幸福になれるのです。まず、「ために生きる」ことなのです。

そして、もう一つ悟らなければならないことがあります。人のおかげで生かされていることです。誰かが私のために生きてくれたからこそ生活できるのです。誰かが私を認め、助けてくれたから生かされているのです。

このことを悟って経営を行い、成功した実業家がいます。経営の神様と言われた松下幸之助さんです。こんな逸話があります。ある時期まで、松下さんは直接人事面接をしました。国立大学卒業後、松下電器に入社して何年にもなる社員を呼んで面接したそうです。

「君は、どうして、国立大学を卒業できたと思うかね……」と質問しました。

彼は得意そうに答えました。「はい、私が一生懸命勉強したからです」。松下社長はさらに尋ねます。「それだけかい……もうないのかい」。彼は、かなり考えてから答えました。

「あ、そうだ。父母が授業料を送り続けてくれたからです」。

彼は親の苦労を思い出したのです。普通なら、これで面接は終わりですが、さすがは経営の神様です。さらに、尋ねました。

「それだけかい。まだないかい……」。

彼は困惑しました。かなり考えましたが、ついに答えを思いつきませんでした。無言で悩んでいる彼に向かって、松下さんは、こう言いました。

「大学があったからじゃないか。大学がなかったら君は受験できなかったじゃないか」。

彼は、恥ずかしくなって下を向いてしまいました。当たり前のことに気づけなかったからです。さらに社長は言いました。

「君の卒業した大学は国立大学だろ。ということは、国民の税金で成り立っているわけじゃないか。誰もが君のように大学に入れるわけじゃない。同年配の青年たちは、高校を卒業してから働いているだろ。その給料から税金を納めているんだ。そのおかげで、君は勉強できたんだよ。だから、君は、その恩を返すために、社会の発展のために有益な商品を開発しなければいけないんだよ」。そして、最後にこう言ったそうです。

「その道理が分かったなら、君を工場長に人事する。その精神を忘れずに頑張ってくれたまえ」。

ところで、幸福は家族円満にあります。古来、「家和して万事成る」とも言われます。では、どうしたら、夫婦円満、親子円満になれるのでしょうか。夫婦円満も「宇宙の原理」にそって成されるのです。伴侶のために生きるという愛の原理を悟って、まず、与え、尽くすとき円満になれるのです。

文鮮明先生は結婚の意義についてこう言われています。

「結婚は、私のためではなく相手のためにするものです。結婚するとき、立派な人やきれいな人ばかりを追い求めるのは間違った考えです」（自叙伝228ページ）

「結婚は、ただ婚期が来た男女が出会って一緒に暮らすことではありません。結婚は犠牲の上に成り立ちます。男性は女性のために生き、女性は男性のために生きなければなりません。私の利己心がすべて消えるときまで、絶えず相手のために生きなければなりません」（自叙伝230ページ）

もし、夫が「俺の世話するために妻がいるのだ」と思い込み、妻に要求ばかりすれば、妻は反発して夫婦関係に亀裂が生じます。「宇宙の原理」に反するからです。

もし、妻が「夫は自分のために働くのだ」と思い込み、夫に要求ばかりすれば、夫は猛反発するでしょう。妻から雇われてるわけではないからです。夫婦関係は社長と労働者の関係ではありません。自分を利用していることが分かれば、誰でも反発するのです。

夫のために生きる妻の愛

　では、宇宙の原理を日常生活で実践すると、どうなるでしょうか。妻の場合、化粧するのも、服装を着飾るのも、髪形をセットするのも、夫を喜ばせるため、ということになります。

「えっ、そうなんだー、うっそー」などと若い奥さんなら仰天するかもしれません。夫が家を出てから、たっぷり時間をかけて、化粧、髪形、服装チェックをしているからです。夫が起きる前に、鏡の前で自分の姿を整えずに、夫が家を出てからしているのです。しかも、夫が夕方帰って来たときは、すっかり化粧が落ちて元の状態です。髪を振り乱し、服装は作業服に近いジャージだったりして……。

　すると、化粧、髪型、服装は、誰のためにしているのでしょうか。夫のためでないことは確かなようです。

　料理教室で料理の腕を磨いた奥さんがいました。料理には自信をもっています。新婚当時から、ご主人の夕食を、腕を振るって作っていました。誠に、素晴らしい料理だったのです。当初、ご主人はおいしそうに食べていました。しかし、やがて、外食するようになってしまったのです。奥さんはその理由が分かりません。「なぜ、こんなにおいしい食事を食べないの？　私は料理教室でトップの達人だったのよ」。

実は、ご主人は、残業で遅くなったとき、小さな和食店で夕食をしたのです。店の女将は、なかなかの商売人で、一度来たお客さまは逃しません。その秘訣《ひけつ》は、お客様の好みを徹底的に調べ上げることだったのです。そのため、よーく、ご主人の食事のたしなみ方を観察、分析して、好みをつかんでしまったのです。そして、ご主人が来るたびに、大好きな調味の利いた食事を出したのです。このため、ご主人はこの和食店で毎日、夕食をするようになってしまったのです。

これを知った奥さんは深く悔いたそうです。料理の腕の良さに思い上がって、自分が得意な料理だけを作っていたことに気づいたのです。

文鮮明先生は料理について語られています。


家族生活において、様々な料理を作るのも、日常の生活も、服を作るのも、すべて愛のためです。愛を装飾するためなのです。料理を作るのも、愛の味を高めるためです。それが真の愛です。料理を作るときも、心を尽くして作ったときには、おいしいのです。

つばが流れ、涙が流れ、鼻水が流れます。「ああ、おいしい！」と、味の王がそこに現れるのです。そのような料理を作ってみましたか。（『文鮮明先生み言集　真の愛の生活信条・愛天愛人愛国』光言社67ページ）

妻のために生きる夫の愛

では、ご主人はどうでしょうか？　奥さんのために生きるのが「宇宙の原理」です。「ご主人」とは、奥さんを愛する主体者という意味です。太陽や空気のように、まず、与え尽くすのが愛の主人なのです。体力にものをいわせて威張り散らすのが、主人ではありません。ましてや「誰のおかげで食わせてもらってんだ」などとうそぶくのは論外です。体が不自由になったとき、吐いた言葉の報いを受けることになります。因果応報です。

文鮮明先生はご主人の愛のあり方を語っています。

「夫は、至誠の限りを尽くして妻を愛さなければなりません。そのように妻を愛すれば、妻の血と肉を受けた子女を、妻が夫と同じように愛するようになるのです。このようになるとき、平和な家庭ができます。それで、『家和して万事成る』というのです」（同69ページ）

では、至誠の限りを尽くして妻を愛する、とはどのように愛するのでしょうか。

ある日、夫が夕方帰ってきました。その日は仕事がかなりきつくて疲れきっていました。腹もすいて心身共に最悪でした。希望は、妻の笑顔と夕食だけです。「ただいまー」と叫んで、玄関を開けましたが、真っ暗です。外は月で明るいのに、なぜか、家は真っ暗で深閑としています。まるで、闇夜の森です。しかも、家の奥から、「ガオー、ガオー」と不気味な音が聞こえてくるではありませんか。狼の遠吠えのようです。ご主人は恐る恐る家の中に入っていきました。食堂にたどり着きましたが、懐かしい朝のままの風景です。何も変わっていません。もちろん、夕食はありません。冷蔵庫もからっぽです。食材を買ってきた痕跡は全くありません。

では、あの「ガオー」とは何か？　奥の間に入って仰天しました。妻が大の字になっていびきをかいて寝ていたのです。こんな光景に出会ったら、夫であるあなたはどうしますか？　短気なご主人ならば怒って妻をたたき起こし、すぐに夕食を作らせるでしょう。たちまち、夫婦喧嘩になるか、場合によっては暴力沙汰になるかもしれません。しかし、「宇宙の原理」は、妻のために生きること、なのです。

文鮮明先生はこう言われます。

家に帰ってきたとき、妻が横になって寝ていたとしても、「私が責任を果たせなかったので待っていないのだなあ」と、そのように考えてみたことがありますか。御飯も作らず、昼寝ばかりしていても、そのように考えなければなりません。対人関係も、すべてそのように考えなければならないのです。（同70―71ページ）

あなたは、宇宙の原理にそって生きていますか？

【第四章】

愛する心があれば誰でも心を開く

私は誰とでも気持ちがすっと通じます。お婆さんが来ればお婆さんと友達になり、子供たちが来れば子供たちとふざけたりして遊びます。相手が誰であっても、愛する心で接すればすべて通じるのです。（自叙伝76ページ）

監獄暮らしといっても特に恐ろしくはありませんでした。経験があったからでしょうか。その上また、私は監房長と親しくなるのが上手です。二言三言話をすれば、どんな監房長でもすぐに友達になってしまいます。誰とでも友達になれるし、愛する心があれば誰でも心を開くようになっています。（自叙伝101ページ）

訪ねてくる人には、三歳の子供であろうと腰の曲がった目の遠い老人であろうと、愛の心で敬拝し、天に対するように仕えました。年取ったお爺さん、お婆さんが訪ねてきても、夜遅くまで話をしました。
「なんだ、年を取った老人なので嫌だな」というような思いを持ったことは一度もありません。

人は誰でも尊いのです。人が尊いことにおいて、老若男女に差はありません。（自叙伝97ページ）

心を閉ざしていませんか

人は誰でも幸福を求めて生きています。では、幸福はどんなときに感じるでしょうか。それは、人間関係が円満なときです。夫婦円満、親子円満、嫁姑円満、職場の人間関係円満、それが幸せです。円満は、「丸く満つる」と書きます。人と人との間に、棘《とげ》や角がなく、すいすいと愛が流れる間柄です。壁や障害がなく思いがそのまま伝わる関係です。以心伝心です。夕方、会社帰りの足音だけで、「今日、会社でつらいことがあったな」と気づき、笑顔で「おかえりなさい。お疲れさま」と慰めてくれる妻をもった夫は幸せです。

玄関で妻の顔を見ただけで、家事や子育てのつらさを理解してくれて抱きかかえてくれる夫を持った妻は幸せです。

幸福とは人体に例えて言えば、血液が障害なく体内に行き渡る健康体です。愛が血液のようにスムーズに行き交うのが幸福な家族なのです。

では、不幸とはどんな状態なのでしょうか。人体でいえば、病気です。血液がコレステロールなどの障害で流れない状態です。血管が詰まっているのです。夫婦でありながら心が通わず、親子でありながら、互いの考えが理解できず、思い違いで苦しむ関係です。

世の中で一番理解しにくい人は誰でしょうか。それは、夫であり、妻である場合があります。あるいは、親子であり、嫁姑《しゅうとめ》でもあります。同じ家に住んでいながら、心が通わないことほどつらいことはありません。

不幸とは、互いに心を閉ざすことです。心を閉じているのです。夫婦がお互いの心のインターホンか、錠前を、少しだけ開けて語り合っているのです。やがて何重もの鍵をかけてしまい、自分でも開けられなくなっています。

ある夫が会社の残業で帰りが遅くなるため、妻に電話したそうです。妻が電話口に出てきました。ところが、夫が「オレオレ」と言った瞬間、電話を切られたそうです。夫はその嘆きを川柳にして応募してみました。なんと、その年の優秀賞になったそうです。審査員も同じ被害（?）に遭っていたに違いありません。その句とは、

オレオレに　亭主と知りつつ　電話切る

（第18回第一生命サラリーマン川柳）

心を開く三つの秘訣《ひけつ》

文鮮明《ムンソンミョン》先生は人の心を開かせる達人と言うべき人です。「私は誰とでも気持ちがすっと通じます。お婆さんが来ればお婆さんと友達になり、子供たちが来れば子供たちとふざけたりして遊びます。相手が誰であっても、愛する心で接すればすべて通じるのです」（自叙伝76）

では、文鮮明先生はどのようにして人の心を開かせることができたのでしょうか？　それは、まず、自分の心を開いて人と向き合うことです。「相手が心を閉ざしている」という前に、自分の心をオープンにするのです。

さて、文鮮明先生のご指導から、人の心を開かせる三つの秘訣をまとめてみました。きっと、あなたが人の心を開く一助になるでしょう。

まず第一は、相手の幸福を思いやる心です。人は自分を思いやってくれる愛を感じたとき、心を開くのです。相手を利用しようと思えば、相手は心を閉ざします。誰もが自己中心的な人に反発するのです。夫婦関係も同様です。夫が「妻とは夫のためにいるんだから、俺の言うことを聞け」などと妻に要求すれば、妻は心を閉ざします。「お茶ぐらい自分でいれてよ」と。妻は夫のメイドさんではないのです。

また、妻が「妻を養うために夫がいるんでしょ。私のために一生懸命働いて出世してよね」などと、要求すれば、夫は反発します。「誰のおかげでめし食ってるんだ」と。妻と夫は労使関係ではないのです。

ところで、世の中には人のために生きる職業があります。お医者さんです。病気を治して健康にする職業です。そのため、お医者さんも看護師さんも患者に思いやりをもちます。そのため、患者はお医者さんには心を開くのです。自分の健康を気遣ってくれるからです。

診察室で、お医者さんから「どこがお悪いですか。いつからですか?」と質問されて、「よけいなお世話だ、ほっといてくれ」などと捨て台詞《ぜりふ》を吐く患者はいないでしょう。あるいは、全く心を閉ざして黙秘しないでしょう。警察の尋問ではないのですから。

「風邪ですね。お薬を出しますから、必ず、食前に飲んでください。しばらくはお風呂に入らないほうがいいですよ」と言われて、「いやだね。あんたなんかに言われたくない」などと逆らう患者はいません。「分かりました、そうします。ありがとうございました」と言います。自分のために言ってくれる人には誰でも心を開くのです。

夫婦は互いに看護師または医者役になれば円満になれるのです。妻は女医であり、看護師さんです。夫は仕事以外で心が傷だらけになった重症患者です。まさか、女医が言葉のメスとハサミで夫に最後のとどめを刺したりしません。また、夫は院長さんです。妻は子育てと姑の世話で疲れ果てた臨死状態の患者です。まさか、院長さんが瀕死《ひんし》の患者を放置して、飲み会には行かないでしょう。

文鮮明先生は、悲しい人、寂しい人、貧しい人たちを、思いやりをもって訪ねる人でした。高校時代、時間を見つけては、必ず行くところがありました。ソウルに流れる漢江《ハンガン》にかかる橋の下です。そこには、住み場所がない貧民たちがいたのです。

私は漢江の橋の下の貧民窟を訪ねて行き、彼らの頭を刈って心を通わせました。貧しい人は涙もろいのです。胸の中に溜まりに溜まった思いが高ずるのか、私が一言声をかけても泣き出して、大声で泣き叫びました。手には、ぼりぼり掻くと白い跡ができるほど、べっとりと垢がこびり付いています。物乞いでもらってきたご飯をその手でじかに私にくれたりもしました。そんな時は、汚いとは言わずに喜んで一緒に食べました。（自叙伝74―75ページ）

相手を尊ぶ心

心を開かせる第二の秘訣は、相手を尊ぶ心で接することです。

人は上からものを言われると心を閉ざします。自分を見下す人には心を開きません。下から尊ばれると心を開くのです。

文鮮明先生は貴賤《きせん》の上下なく子供から年寄りまで、誰でも尊んで接したのです。「訪ねてくる人には、三歳の子供であろうと腰の曲がった目の遠い老人であろうと、愛の心で敬拝し、天に対するように仕えました。……人は誰でも尊いのです。人が尊いことにおいて、老若男女に差はありません」（自叙伝97ページ）

文鮮明先生は、どんな人でも、「愛の心で敬拝し、天に対するように仕えた」のです。アメリカでダンベリー刑務所に収監されたことがあります。もちろん無実の罪です。

人種迫害が根底にあったのです。アメリカの牧師たちは、キリスト教の精神に反するとして、釈放運動を行いました。数千人の牧師たちが文鮮明先生を慕って韓国を訪ねたほどです。刑務所の囚人たちは、強盗などの罪を犯した心の荒れ果てた男たちです。自己中心で食器洗いや掃除などは真面目にしません。文鮮明先生は、アメリカの救いのために、精誠を込めて命懸けで活動しました。しかし、決してそれを偉ぶることをしませんでした。体を丸めて囚人たちの食器を洗い、食堂の床掃除を、真心からされたのです。

イエス・キリストも、やがて裏切る弟子のために足を洗ってあげました。イエス様も文鮮明先生も、自分の清さと信仰を誇って、罪を犯した人たちを裁き、見下さなかったのです。だからこそ、多くの人たちがイエス様を、文鮮明先生を慕っているのです。

もし、神様を信じている婦人が、夫や子供を信仰がないという理由で見下すなら、家族は心を閉ざしてしまうでしょう。

私たちは自分でも知らないうちに、家族を見下している場合があるのです。妻が、「給料が少なくて甲斐性《かいしょう》のない夫だ」と罵れば、夫を見下したことになります。夫が、「妻はかわいげがない」と嫌えば、妻を見下したことになります。母親が、「うちの子供は根性がない」と嘆けば、子供を見下したことになります。姑が、「うちの嫁は気が利かない」と腹を立てれば嫁を見下したのです。姑から見下されて心開く嫁はいません。人の心を開く秘訣は、相手を尊く思う心なのです。

笑顔で頭を下げる

第三は、笑顔で頭を下げて人と接することです。笑顔は人の心を開かせます。垣根を取り除くのです。謙遜に頭を下げれば、誰でも、心を開きます。

文鮮明先生は笑顔の効果について語られています。

「笑顔で気分の良い姿は、みな見つめます。気分の悪い表情をするのは悪です。ですから、向き合う時には、必ず笑顔で頭を下げなければなりません。人間は、いつでも笑顔で話をしたいと思っています。口を開けば歌を歌う、そのような気分をもった人に、悪人はいません」（『文鮮明先生み言集　真の愛の生活信条・愛天愛人愛国』光言社58ページ）

「結婚して夫婦で暮らすとき、夫がどこかに行って帰ってくるときも、気分の良い顔で、喜びに満ちた笑顔で現れる、そのような夫を慕うのです。どこかに行ってきて、不機嫌な顔をしているのが良いですか。良くないというのです。ですから、心の世界の心情というものは、いつでも和合できるので、陰がないというのです。いつでも明るく、いつでもうれしく、いつでも満足できる美をもって現れることを、男性も女性も願うのです」（同55―56ページ）

依頼者と葛藤の末、愛する心で、（相手の）心を開かせた介護ヘルパーの方がいます。七十四歳の方です。この方は、毎日、文鮮明先生のみ言を訓読して書写している婦人です。訓読とは、み言を、声を出して読み、耳で聞くことです。書写とは、その言葉を、紙に書き写すことです。合わせて「訓読書写」と言います。

ある日、介護センターから介護の依頼が入りました。依頼主は、八十四歳の男性です。離婚した元校長先生です。とても気難しい性格の人でした。そのため二人の子供も寄りつかなかったのです。

あまりにも身勝手な老人なので、九人のヘルパーが三日で辞めました。行ってみると、まさしくそのとおりでした。老人は体が動かない分、暴言で人を傷つけるのです。「金を払っているのだからめいっぱい働け」、「休むな、少しでも休憩するなら金返せ」、「物を置くときは一回で覚えろ」などと、次から次へとひどい言葉を浴びせてきます。普段、我慢強い婦人も、あまりのひどさに耐えきれず、三日目には「やめようかな」と思ったほどです。ところが、毎日、訓読書写していたみ言《ことば》が心に湧き上がってきたのです。

「私を憎む者をひたむきに愛そう」「全世界の人類がすべて自分の兄弟」というみ言でした。これらのみ言が彼女の心に光をともしたのです。

「この方は校長先生という職業柄なのか、人に頭を下げたことがなくて、いつも命令する立場の人生だったんだな」。そう思うと、かわいそうで涙が込み上げてきました。

「そうだ、何を言われても、ばかにされても、この方を愛していこう、ただ黙って笑顔で接しよう。この方は、私のお兄さんだと思えばいいではないか……」。

そう思って介護を続けていったのです。すると、ある日、この老人は信じられない言葉をかけてきたのです。「ありがとう。頼むね。僕もきつい言葉を言って悪かった。来週も来てくれるよね。自分でできることはなるべくするから少し休んでいいよ……」。

愛する心が気難しい方の心を開くことができたのです。

誰でも、愛する心があれば、心を開くのです。

【第五章】

心を尽くして人の話を聞いてあげる

私は本当に人の話を聞くのが好きです。誰であろうと自分の話をし始めると、時の経《た》つのも忘れて聞くようになります。十時間、二十時間と拒まずに聞きます。話そうとする人の心は緊迫していて、自分を救ってくれる太い綱を探し求めるのです。そうであるならば、私たちは真心を込めて聞かなければなりません。それがその人の生命を愛する道であるし、私が負った生命の負債を返す道でもあります。生命を尊く思って、敬い仰ぐことが一番大切です。嘘《うそ》偽りなく心を尽くして人の話を聞いてあげるように、私自身の真実の心の内も真摯《しんし》に話してあげました。そして、涙を流してお祈りしました。（自叙伝150―151ページ）

耳で人を愛する

幸福はどうしたら得られるのでしょうか。愛することによって得られます。夫婦は互いに愛し合えば幸福になれます。親子は愛し合えば幸福になれます。嫁姑《しゅうとめ》も愛し合えば円満になれるのです。

ところで、愛するというと、一般的には相手に尽くすことを意味しています。例えば、誕生日などにプレゼントするとか、マッサージをしてあげるとか、品物や手足を使って尽くすことです。手足ばかりではなく、言葉でも人を愛せます。愛のある言葉、優しい言葉、励ましの言葉をかけるのも愛することです。笑顔でも人を愛せます。母親のほほえみは、一瞬にして子供を元気づけます。眉毛、目、口、頬が、丸くなって愛を表現します。顔は人を愛するためにあるのです。

ところで、顔にはもう一つ、人を愛するための大切な器官があります。耳です。正に、耳よりな話です。文鮮明《ムンソンミョン》先生は、「心を尽くして人の話を聞いてあげる」ことが、愛の実践であると言われます。

「私たちは真心を込めて聞かなければなりません。それがその人の生命を愛する道であるし、私が負った生命の負債を返す道でもあります。生命を尊く思って、敬い仰ぐことが一番です」（自叙伝150—151ページ）

ところで、話の聞き方には二つあるようです。一つは、自分のために人の話を聞く場合です。自分のために人の話を聞く、というのはちょっと奇妙な感じですが、実は多くの人がそうしているのです。商品を販売したり団体に勧誘したり、自分のために人の話を聞く場合です。この場合は相手の話を聞くのが目的ではなく、手段となっています。自分の利益のために話を聞くのですから、無益と判断すれば話を打ち切ります。時間がもったいないからです。

また、自分が愛されるために人の話を聞くこともあります。この場合は、自分にとって耳触りの良い話は聞きますが、気分を害する話なら耳を閉ざします。自分のために聞いているからです。

文鮮明先生は真《まこと》の愛で多くを語り、多くを聞かれる方です。人の話を、心を尽くして聞いてあげる方なのです。聞いてあげることが愛の実践と思われているようです。

私たちの不幸は、それができないことによって生じています。自分のために人の話を聞くので、話によっては、不快な気持ちになってしまうのです。また、相手の話を途中で折って、自分の主張を聞かせようとします。人の話を最後まで聞かずに、自分の思い込みや決めつけで相手を裁いてしまうこともあります。これらは自分のために話を聞いている結果なのです。

もう一つの聞き方は、相手のために話を聞く、聞き方です。では、相手のために話を聞くとは、どのような聞き方なのでしょうか。文鮮明先生の言われる「心を尽くして人の話を聞いてあげる」とは、どのような聞き方なのでしょうか。それには、三つの聞き方があるのです。

心の門を開いて聞く

まず第一は、自分の「心の門を開いて聞く」ということです。

家には門があります。親しい人は門を開けて家の中に入れて接待します。ところが、見ず知らずの人には、インターホンや鎖のままで、扉ごしに話を聞きます。疑わしい人は、少し話を聞いただけで打ち切ってしまいます。初めから聞く気がないのです。

心も同じです。人の話を聞く気がなければ、心の門を閉じたままです。人の話をインターホンで聞いているようなものです。「心を尽くして人の話を聞く」というのは、心の門を開いて心のおうちに入れてあげることなのです。愛する心で相手の話に耳を傾けることなのです。心のおもてなしをすることなのです。こう考えると、どうやら、人は〝二つの家〟をもっているようです。「形ある家屋」と「見えない心」です。

家屋には、大広間のような広い部屋もあれば、三畳ほどの狭い部屋もあります。家屋の場合、広くしたり狭くしたりすることは簡単にはできません。リニューアル費用がかかります。また、家屋全体の面積は簡単には広げられません。

ところが、心の家はできるのです。いくらでも、リニューアルできます。しかも年齢も財力も関係ありません。心の広い子供がいますが、一方、狭い心の大人もいます。心の間取りが狭い人は、人を玄関払いしてしまいます。うわの空で人の話を聞き、聞く耳を持っていない人です。心を尽くして人の話を聞く人は、心の家の間取りが広くて、床の間で心のおもてなしをするのです。

心を無にして聞く

第二は、「心を無にして聞く」ということです。

家の中が家具調度品で雑然としていたら、お客様を入れ、迎えるスペースがありません。玄関で帰ってもらうしかありません。家具調度品どころか「ごみ屋敷」もあります。同じように、心が何かで詰まっている人も、人を心の家に入れることができません。何が雑然と詰まっているのでしょうか。

それは、思い込みと決めつけ、猜疑《さいぎ》心と我欲などです。それらが、心の家に散乱して、人が入り込む余地がないのです。その上、家屋を警備するように、心を要塞化している人もいます。そして、人の話を聞く前から、反撃する態勢をとっています。自己防衛に徹しています。相手の話を聞きながら、反撃の言葉の銃弾を込めています。

「相手はそんなこと言っているが、私への嫌味ではないか。許せない、反論をしてやろう」「あんなことを言っているが、全く身に覚えのないことだ。相手の思い込みと決めつけにすぎない。一言、言い返してやらなければならない」。

「心を無にして聞く」というのは、相手の話に全身全霊で耳を傾けることです。そうして、相手の心を感じ取るために聞くのです。真心を込めて、耳ではなく、心で聞くことなのです。心の家の応接間を広くして、人をおもてなしすることなのです。

二人の女性経営者がいました。二人とも実力者で、いわゆるやり手です。それぞれの経営する会社は発展しています。二人とも、人づきあいが良く、話もよく聞きます。お客様の信頼をかちえています。ところが、A子さんの会社はある程度までしか発展しません。ところが、B子さんの会社は発展し続けています。その違いは何か？　それを知るために、二人にそれぞれインタビューした記者がいました。

まず、A子さんに喫茶店で話を聞きました。実に話をよく聞き、うなずいてくれます。記者は、自分の本音を吐露してみました。

「私は清く、正しく生きてみたいと思っています」と。

A子さんはうなずきながら答えました。

「えーそうなんだ。でも世の中そんなに甘くないよね」。

と取り合わなかったそうです。記者はとても傷つきました。

同じ質問をB子さんにもしてみました。B子さんは、「本当にそうだよね、私もそう生きたいよ……」と、目に涙をにじませながら言ったそうです。記者も思わず涙が出そうになったといいます。B子さんが共感してくれたからです。

その時、記者はB子さんの会社のほうが発展する理由が分かったのです。A子さんは、営業のために人の話を、耳で聞いていたのです。しかし、B子さんは、心で聞いていたのです。

B子さんは、心を尽くして人の話を聞いていたので、多くの人から信頼され、慕われていたのです。それが、事業の発展につながったのです。

この話は私たちの家庭内にも当てはまります。あなたは、夫の話を、妻の話を、子供の話を、嫁の話を、姑の話を心で聞いていますか？　耳で聞いていますか？

忍耐強く根気よく聞く

第三は、「忍耐強く根気よく聞く」ことです。文鮮明先生は話をすれば、何十時間と話し続ける方です。それだけ見ると、話をする方と思われがちですが、真心を込めて人の話を聞く方でもあるのです。

「時の経《た》つのも忘れて聞くようになります。十時間、二十時間と拒まずに聞きます。話そうとする人の心は緊迫していて、自分を救ってくれる太い綱を探し求めるのです。そうであるならば、私たちは真心を込めて聞かなければなりません。それがその人の生命を愛する道であるし、私が負った生命の負債を返す道でもあります」（自叙伝150―151ページ）

愛することとは、忍耐強く人の話を聞くことなのです。しかし、人の話は必ずしも聞きたい内容ばかりとは限りません。むしろ、嫌な耳ざわりの悪い話もあります。思わず、相手の話を遮り、言葉を挟みたくなります。時間も気になります。有益でない話を聞くには時間がもったいないからです。人の話を「時を忘れて聞く」ことは至難の業なのです。それを忍耐して聞き続けるには愛がなければできません。でも、そのように話を聞いてくれた人には、愛を感じるのです。確かな回答を得られなくても心が満足する場合もあるのです。心を尽くして聞いてあげることとは、愛することなのです。

ところで、夫婦関係も言葉のやり取りで成り立っています。それゆえ、一言が決定的な影響をもたらす場合があります。

ある夫がいました。会社でミスを犯して上司から「あんたはばかだ」と怒鳴られました。それどころか、同僚や部下からもばかにされました。すっかり落ち込んだ夫は夕方、家に帰ってきました。妻だけが自分を受け止めてくれると期待しました。それで、夕食時、妻に上司や同僚の悪口を言い続けたのです。妻は静かに聞いていましたが、あまりにも愚痴が多くて止まらないので、耐えられなくなり、思わず叫んでしまったそうです。

「ばかね、あんた」。

その後、この夫婦がどうなったか？　想像にお任せします。

ある妻がいました。家事や子供のこと、さらに近所づきあいで、心身共に疲れ果てていました。いらいらしてどうしようもありません。誰かにこの思いをぶつけなければなりません。その対象が夕方、帰ってきました。夫です。

夕食時、妻は愚痴を夫に言い続けました。夫は静かに聴いていましたが、話が止まらないので、ついに、忍耐できなくなり、こう言ったそうです。

「要するに何が言いてんだ」。

逆上した妻の話は、さらに長くなり、支離滅裂になってしまったそうです。

人の心は大海のように深く広く、そして複雑です。悲しみ、怒り、喜び、楽しみ、など無数の思いが潜んでいます。時には荒れ狂い、時には穏やかになります。その心が言葉となってほとばしるのです。言葉は心の表現です。しかし、心の世界はあまりにも複雑で、言葉で表現しきれません。人は言葉を通して、心の理解を求めているのです。

そんなとき、「心を尽くして人の話を聞いてあげる」と、心を感じ取ってあげられるのです。言葉を通して心を感じ取ってあげることが愛することなのです。

仏教では、人の悲しみ、苦しみの声に耳を傾け、聞くだけではなく、心を感じ取る境地を得た人を菩薩《ぼさつ》といいます。観世音菩薩、略して観音様といわれます。

「世音」とは、世の人々の悲しい声のことです。「観」る、とは、悲しみの心を感じ取ることです。観音様は心を尽くして人の話を聞くので耳が長くて大きいのです。人々の悲しみの姿を「観る」ことのできる慈愛の人なのです。

夫婦が互いに観音様になれたら幸福です。毎日参拝して、お賽銭《さいせん》をあげたくなります。

あなたは、夫に対して、妻に対して、家族に対して、「観音様」になっていますか?

【第六章】

家和して万事成る

「家和して万事成る」という言葉を覚えておくべきです。家庭が平和であれば、すべてのことがうまくいくという意味です。平和な家庭は天国の基礎であり、家庭の原動力は愛です。家庭を愛するように宇宙を愛すれば、どこへ行っても歓迎されるようになります。神様は、宇宙全体の父母として愛の真ん中にいらっしゃるのです。したがって、愛にあふれた家庭は、神様にまで一瀉《いっしゃ》千里で通じるようになります。家庭が愛によって完成してこそ宇宙が完成するのです。（自叙伝223ページ）

家庭というのは、人類愛を学び教える学校です。父母の温かい愛を受けて育った子供は、外に出ていけば、家で学んだとおりに、困っている人を愛の心で助けるでしょう。また、兄弟姉妹の間で情け深い愛を分かち合って育った子供は、社会に出て隣人と厚い情を分かち合って生きていくでしょう。愛で養育された人は、世の中のどんな人でも家族のように思うものです。自分の家族のように思って人に仕え、人に自分のものを分けてあげる愛の心は、真《まこと》の家庭から始まります。（自叙伝233ページ）

夫婦円満は幸福のツボ

人は誰でも幸福を求めています。人生と家族に関わる全てのことが良くなってほしいと願います。年末年始になると多くの人たちが神社仏閣にお参りに行きます。願いごとの成就のために合掌して神仏に頼みます。健康祈願、家族円満、経済安定、夫の出世、子供の受験合格などを願うのです。あれもこれも良くなってほしい「万事成る」ことをお願いします。確かに、健康に恵まれ、家族円満で、ご主人が出世して給料やボーナスが上昇して生活は安定し、子供が志望校に合格し、さらに、町内や親族の関係も良好であれば、これほど幸福なことはありません。

しかし、誰でも実感しているとおり、世の中、それほど甘くありません。願ったことの一つでもかなえば良いほうです。とはいえ、あれもこれも良くなってほしい、と願うのが人の心です。では、「万事成る」ことは可能なのでしょうか?

幸福を人の体に置き換えてみましょう。幸福とは健康な体といえます。健康とは体の全ての機能が円滑に動いて全く障害がない状態です。健康とは、正に「万事成る」体なのです。

ところが、足や手首が疲れたりすると、体全体の機能に支障をきたして歩きづらくなります。そんな時、人は、整形外科医に行くか、整体に通います。整体師は、体のツボが分かっています。足の痛みを無くすために、足だけでなく、腰を矯正します。そこが、ツボだからです。腰を矯正すると、足の痛みが解消します。腰を矯正することで、体全体の機能が元に戻るのです。

これと同じことが、幸福にも言えます。幸福にもツボがあるのです。「幸福のツボ」を押さえると、万事うまくいくのです。では、幸福のツボはどこでしょうか。それが、家が和すこと、つまり、家族円満です。そして家族円満のツボは夫婦円満です。夫婦円満は家族円満のツボであり、「万事成る」ためのツボなのです。

しかし、多くの人は夫婦円満が幸福のツボであることが分からず、万事のほうに気をとられているのです。会社の仕事がうまくいかないと、妻よりも仕事や顧客に心が奪われてしまうご主人がいます。その結果、夫婦関係が疎遠となり、仕事にも影響して、どちらも悪くなってしまいます。「家和せずして万事成らず」です。

妻であれば、夫よりも、サークル活動や町内の関係を大切にして、夫との関係が悪化してしまう場合があります。母親が子供への愛情を深めるあまり、夫への愛が希薄になって夫婦関係に溝ができてしまうこともあります。夫婦円満であっての親子円満です。「子供一人できて春風が吹き、二人できて秋風が吹く」と言う言葉があるそうです。子供が一人できると、夫婦は喜んで仲良くなり、春風が吹きます。ところが、二人できると、奥さんが子育てに追われて、夫への愛が薄くなってしまい、夫婦間に秋風が吹くという意味なのです。

夫婦円満で万事成った奇跡の証

栃木県の足利市に素晴らしい出来事がありました。子供を二人もつ夫婦がいました。娘は既に社会人ですが、弟はまだ小学四年生です。夫婦仲は良くありませんでした。そのうえ、お父さんと娘の仲は深刻で、喧嘩が絶えませんでした。ついに、最悪の事態が起こりました。娘が家出して行方不明になってしまったのです。衝撃を受けた夫婦は悔い改め、文鮮《ムンソン》明《ミョン》先生のみ言《ことば》を毎日「訓読書写」するようになったのです。訓読とは、み言を読んで耳で聞くことです。書写とは、み言を紙に書き写すことです。目的は、文鮮明先生の真の愛を身につけることです。み言の力で夫婦はとても仲良くなりました。

そして、奇跡が起こったのです。行方が分からなかった娘が突然家に帰って来ました。娘は、「何かに引かれて帰ってきたよ」と言ったそうです。そして、さらなる奇跡が起こります。小学四年の息子は、親と共に訓読書写をしているうちに、全文を暗記してしまったのです。しかも、この子には絵の才能がありました。夫婦が喧嘩をしているときは、とても暗い絵を描いたのですが、夫婦が円満になると、明るい絵を描くようになり、栃木県小学生絵画コンクールで優秀賞に選ばれて展示されるようになったのです。

奇跡はそれだけでとどまりませんでした。ご主人は会社の売上不振でリストラに追い込まれていたのですが、夫婦、親子が円満になったとき、ご主人が驚異的な営業実績を上げたのです。なんと、一年間の営業目標をたった一日で達成したのです。会社の支店長も開設以来の売り上げだと大喜びしました。このため、臨時賞与が出ました。ご主人以上に喜んだのは奥さんでした。

夫婦円満が親子円満をもたらし、子供の才能が開花し、さらに、ご主人の仕事の実績を飛躍させ、家計まで潤したのです。正に、「家和して万事成る」なのです。

夫婦円満の秘訣《ひけつ》

では、どうしたら夫婦円満になれるのでしょうか。お互いが愛し合うことによって成されます。では、どのように愛するのでしょうか。一般的には、五本の指と手足を使って愛します。例えば、奥さんがご主人の大好きな料理を作ってあげることです。文鮮明先生は、料理について語られています。

「料理を作るのも、愛の味を高めるためです。それが真の愛です。料理を作るときも、心を尽くして作ったときには、おいしいのです」（『文鮮明先生み言集　真の愛の生活信条・愛天愛人愛国』光言社67ページ）

最近では、スーパーやコンビニで、調理された食材がたくさん置いてあります。それを買ってきて電子レンジで温めればでき上がりです。ただ、食べて腹を満たすだけならそれでもかまいません。あえて奥さんが料理する必要はありません。しかし、それでは、夫を愛したことにはなりません。まさか、「夕食はコンビニで買って、備え付けのレンジで温めて、外のベンチで食べてきてね。夜風が気持ちいいと思うよ……」などとは言えないでしょう。夜風は肌寒いものです。

やはり、奥さんが手を加えてこそ「愛の調味料」がつくのです。手を使って料理を作ることが愛の実践なのです。

ところが、手足以上に大切な箇所があります。それが、顔です。顔は誰のためにあるのでしょうか。自分のためにあるようですが、実は、他人のためにあるのです。人を喜ばせるため、人を愛するためにあるのです。自分の顔は自分で見ることができません。鏡を使わなければ見れません。やはり、人のためにあるのです。

しかし、顔があるだけでは、人のためにはなりません。人のために使ってこそ愛の実践になるのです。それが、笑顔、なのです。

笑顔で向き合う

夫婦円満の第一の秘訣は、互いが笑顔で向き合うことなのです。

文鮮明先生は、「ほほえみは幸福の根源であり、根となるものです」（同54ページ）。「いつも笑顔でいなさい。笑顔は心の花です。いつでも花を咲かせて、香りを漂わせるのです」（同55ページ）と言われています。

「笑う門には福来たる」と言いますが、「福が来たら笑う」とは言いません。笑ったら、幸運が引き寄せられるというのです。笑顔は幸福を引き寄せる花であり、根っこなのです。手ではなかなかつかめない蝶《ちょう》が、動かない花に寄っていくではありませんか。

夫婦関係では、笑う気になれないことも多々あります。それどころか、喧嘩してしまうこともあります。でも、そんな時こそ、明るい笑顔で向き合うのです。笑えないときこそ、笑って花を咲かせるのです。桜は春しか咲きませんが、人生は、笑えばいつでも満開になれるのです。春を待たなくても笑顔で幸福の花が咲くのです。

笑顔は幸運を引き寄せます。なぜでしょうか。それは、幸運の中心である神様が喜ぶからなのです。神様にとって最高の音楽と美しい花は、夫婦の笑顔と笑い声なのです。文鮮明先生は次のように言われています。

「笑いながら喜ぶ新郎新婦の笑い声は、世の中で最高のメロディーに聞こえるのです。神様の耳に最高のメロディーは、ベートーベンの交響曲第九番ではありません。男性と女性が喜ぶ永遠の夫婦の笑い声が、神様にとって最高のメロディーです。そのように与え合ってお互いに喜ぶことが、神様には花なのです。自分がつくった男性と女性が、そのように『ほほほ』と笑って愛するその姿が、神様から見れば花なのです」（同58ページ）

愛のこもった言葉を語り合う

夫婦円満の第二の秘訣は、愛のこもった言葉を語り合うことです。動物には口が付いていますが、言葉を語れるのは人間だけです。犬や猫は、食事の前に、「おいしいペット・フード、ありがとうございます。いただきます。ワンニャン」とは言いません。また、ご主人が出掛けるとき、「いってらっしゃいませ。ご主人様、家を守ってますからご安心ください。ワンニャン」などとも言いません。人間だけが口から言葉を語るのです。では、どうして、何のために、言葉を語れるのでしょうか？　食べるために口が付いているなら、犬猫と変わりません。愛するためなのです。口で食べるのは自分のためですが、口から言葉を出すのは、愛するため、人を喜ばせるためなのです。愛と思いやりで語れば、相手を励まし、勇気づけることができます。言葉は「愛の宅配便」です。言葉を通して愛が伝わるのです。

愛のある言葉を語るのは幸福の種蒔きになります。相手の心で芽を出し、花を咲かせ、幸福の実となって、語った人に返ってくるのです。

では、愛の言葉は誰に語りかけるのでしょうか。それが、夫婦なのです。私たちはたくさんの人たちと出会いますが、一番、愛ある美しい言葉を語りかける相手は夫婦なのです。したがって、言葉に最も繊細な心を込めるべきは夫婦の会話です。逆に、夫婦の間では、決して、愛のない、ぞんざいな言葉を語ってはなりません。言葉は一旦口から出たら回収不可能です。燃えるごみや燃えないごみは回収に来ますが、見えない〝言葉のごみ〟はできません。人を傷つける言葉は、回収できない粗大ごみです。しかも、言われた人の心で膨らみ、繁殖します。そして、不幸という果実を語った人にもたらすのです。悪い言葉で最も傷つきやすく、しこりになってしまうのが夫婦関係なのです。

文鮮明先生は悪い言葉の恐ろしさを次のように語っておられます。

「私たちの同僚関係においても、一言間違って失敗すれば、その一言間違ったことによって、その関係が壊れることもあります。もし言葉を一言間違えれば、その言葉を言った人も苦痛を受け、その言葉を聞く人も苦痛を受けるのです。例えば、夫婦でもそうです。一言の言葉が動機になって気分が悪くなれば、それによって別れていくこともあるのです」

（同61ページ）

伴侶を愛して掃除する

夫婦円満の第三の秘訣は、家の掃除です。私たちは多くの自然万物に囲まれて生活しています。なかでも、最も人のために貢献しているのが、食材と家屋です。床、屋根、壁、窓、電化製品、家具、机、観葉植物、ペットなど、住人の生活のために生きています。家族の喜びのために存在しているのです。家族の幸せは、家屋の幸せです。

全ての万物には心があります。文鮮明先生は、ある村の住人たちの心根は、会って話さなくても分かると言われます。住人の育てた穀物に聞けば分かると言われます。穀物が喜んでいれば農夫たちは優しい人たちで、穀物が嘆いていれば、愛の乏しい人たちだというのです。

「私は、その村にどんな心性を持った人が住んでいるか、会ってみなくても知ることができます。村の野原に出て一晩過ごし、田畑で育つ穀物の言葉に耳を傾ければ、おのずと分かるようになります。穀物が嘆息するのか喜ぶのかを見れば、村人の人となりを知ることができるのです」（自叙伝51ページ）

穀物でさえ喜怒哀楽があるとすれば、いつも住民と接している家屋はなおさらです。

家屋たちは素直なので、愛されれば応えます。奥さんが「床ちゃん、いつもご苦労様です。ありがとう。体を拭いてあげるね。そこでお願いだけど、夫が残業で疲れて帰ってくるから元気づけてあげてね」などと声をかけ、掃除してあげると、床はとっても愉快な気持ちになって、「ご主人さま、おまかせください」などと言い、夫から踏まれるたびに足の疲れをとってあげるに違いありません。奥さんの愛を込めた掃除で、家屋全体が夫への愛で満たされ、愛の園になるのです。ご主人は、奥さんの愛の花園に帰ってくるのです。夫婦円満の三つの秘訣とは、「満面の笑顔」、「愛ある言葉」、「心を込めた掃除」なのです。

【第七章】

幸福は常に私たちを待っています

幸福は常に私たちを待っています。それでも私たちが幸福を探し出すことができない理由は、欲望が行く道を阻むからです。欲に眩《くら》んだ目は前を見ることができません。たったいま地面に落ちた黄金のかけらを拾おうとして、その先にある大きな黄金の山を見ることができず、ポケットに入れることにあくせくし、ポケットが破れたことも分かりません。（自叙伝３３９ページ）

自分だけのために生きる利己的な人生ほど愚かな人生はありません。利己的な人生は、自分のために生きているように見えますが、究極的には自分を破壊する人生です。個人は家庭のために、家庭は民族のために、民族は世界のために、世界は神のために生きなければなりません。（自叙伝３４０ページ）

待っている幸福に出会えない理由

人は幸福を求めて生きています。人生の目的は幸福になること、と言っても過言ではありません。結婚するのも、子供を生んで育てるのも、嫁を迎えるのも、幸福になるためではないでしょうか。

ところが、なかなか幸福になれないのが現実です。幸福を必死に求めて、不幸になっています。なんだか、幸福が自分を避けているみたいです。では、幸福は求めれば求めるほど逃げてしまうのでしょうか。まるで、捕まえようとすると飛んでいってしまう蝶《ちょう》のように……。

いいえ、そうではありません。文鮮明《ムンソンミョン》先生は「幸福は常に私たちを待っています」と、断言しています。幸福は逃げも隠れもせず、むしろ、今か、今かと私たちが来るのを待っているのです。

人生をマラソンに例えてみましょう。ゴールはスタジアムの定位置にあり、決して動くことはありません。ひたすら、最初のランナーの到着を待っています。ゴールが動いたり、隠れたりはしません。不動です。では、なぜ、幸福を求めてスタートしたランナーは、ゴールにたどり着かないのでしょうか。答えは簡単です。

ランナー自身が道を間違えたか、途中で走ることをやめたかです。幸福のゴールが動いたのではないのです。正に、「幸福のゴール」の立場から言えば、待ち人来たらず、なのです。

何が人生のランナーに道を迷わせたのでしょうか。文鮮明先生はこれを、〝欲にくらんだ目〟だと言われます。走者自身の我欲が行く道を阻んだのです。

「幸福は常に私たちを待っています。それでも私たちが幸福を探しだすことができない理由は、欲望が行く道を阻むからです。欲に眩《くら》んだ目は前を見ることができません」（自叙伝339ページ）

我欲のせいで幸福への正しい道を見失ったのです。不幸へ直進する道に迷い込んでしまったのです。車の運転であれば、「目的地へ右折」標示を見間違えて左折して、さらに「この先、崖にて通行禁止」の標示を直進して転落するようなものです。

それはかりではありません。「我欲」に捕らわれた人生の運転手は、目先の幻想に惑わされて人生を浪費するのです。文鮮明先生も言われています。

「たったいま地面に落ちかけた黄金のかけらを拾おうとして、その先にある大きな黄金の山を見ることができず、ポケットに入れることにあくせくし、ポケットが破れたことも分かりません。……利己的な人生は、自分のために生きているように見えますが、究極的には自分を破壊する人生です」（自叙伝339―340ページ）

かけらにすぎない断片に人生の大半を消耗して、ポケットの穴から断片がこぼれ落ちていることに気がつかないのです。

「幸福になろう」という欲望は悪ではありません。人間として当然のことです。しかし、他人に犠牲を強いてまでも我欲を満たそうとすれば、結局、不幸になってしまいます。人を不幸にさせれば、怨《うら》みを買います。一時期、繁栄しても、無残に転落してゆくのです。歴史を見れば、卓越した指導力をもつ権力者が多く登場しました。しかし、自分や一族だけの権勢を誇示しようとして、結局、破滅しています。

利己的な人生を歩んで自分と家族を破滅させてしまうのは、歴史的な人物だけではありません。私たちの人生でもあることです。「殺人、強盗は極悪人のやることだ」と思うのは間違いです。ニュースを騒がす犯罪事件の主犯も、かつては善良な人だったのです。何かのきっかけで、欲に目がくらんで、「自分を破壊する人生」に転落したのです。

どんな人間にも自己中心的で過分な欲望が潜んでいます。目がくらんだ欲望が何かの機縁で噴出して人生を破壊させてしまうのです。

映画『砂の器』の教訓

欲に目がくらんだ犯罪者の姿を描いた小説家がいます。社会派推理小説の先駆けとなった、松本清張です。

松本清張の主人公は、天才的な犯罪者ではありません。ごく当たり前の生活をしている人間ばかりです。平凡な人が、我欲にかられて犯罪者になる姿を描いたのです。彼の犯罪小説は映像化しやすいため、大半の作品が映画になりました。こんな逸話があるそうです。清張は、自分の書いた小説の映画試写会は必ず行きました。しかし、感動したことはほとんどなく、上映途中で帰ったこともあったそうです。おそらく、自分の真意が正確に表現されていない、と思ったのでしょう。しかし、ただ一つの映画だけは、唸《うな》って感動したのです。その作品が日本映画史上、不朽の名作と言える、『砂の器』（松竹映画１９７４年、主演、丹波哲郎）です。この映画の見事さは、最後の沈黙の十数分間にあります。寂しく荒涼とした日本海沿岸をさまよう父子の姿を描写しつつ、交響曲「宿命」（芥川也寸志作曲）の音楽だけが流れます。こういうストーリーです。

父親がハンセン氏病にかかり、村から父と共に追い出された少年がいました。父と子はあてどなくさまよい続けます。無残な乞食となって物乞いをします。しかし、どこに行っても、忌み嫌われて追い出されます。人の冷たさ、非情さが、少年の心を突き刺します。不信と憎しみ、怨みが心に醸成されていきます。まるで野良猫のように家の軒下に潜んでいる二人を、村の巡査が見つけました。彼は心の温かい人で父子の世話をします。父を病院に入れてあげ、子供には実の子のように愛を注ぎます。しかし、深く傷ついた少年の心は癒やされませんでした。ついに巡査の家を出て行方をくらましてしまいます。

何年かのち、少年は、音楽の才能を発揮して、作曲家、指揮者になって、世の脚光を浴びるようになりました。さらに、国会議員の娘と婚約します。少年は本籍を偽造し、出生の秘密を消して、栄光の道を歩んでいたのです。

ある時、自分と父の世話をしてくれた巡査が訪ねてきます。巡査にはよこしまな心は全くありません。ただ懐かしくて会いたかっただけなのです。しかし、彼は、自分の出生の秘密が暴露されるのを恐れて、巡査を殺害してしまいます。我欲におかされた彼は、自分の立場を守るために、恩人を殺害したのです。それが、自分の幸福を守るためと思い込んだからです。

やがて、罪は発覚します。彼が作曲した交響曲「宿命」の指揮をして、栄光の絶頂を極めたとき、逮捕されてしまうのです。正に、文鮮明先生の言われるとおり、「利己的な人生は、究極的には自分を破壊する人生」となったのです。過分な欲望の行い、つまり情欲、権力欲、金銭欲が、人生を転落させていくのです。

幸福はために生きる人生にある

文鮮明先生の幸福観は「ために生きる」ことです。「幸福はために生きる人生にある」と悟られ、老齢に至るまで愛の実践をし続けました。人のために生きて感じる喜びこそが、真の幸福なのだ、と感得されたのです。このため、文鮮明先生のご生涯は、ために生きることに徹していました。

貧しい友達が弁当に粟飯を包んでくるのを見ると、やるせなくて自分のご飯が食べられず、友達の粟飯と交換して食べました。……何としてでもその子の空腹の問題を解決しようとしました。それこそが私の一番好きな遊びだったからです。（自叙伝27ページ）私は漢江の橋の下の漢江《ハンガン》の橋の下にはぼろぼろの服を着た乞食があふれていました。私は漢江の橋の下の貧民窟を訪ねて行き、彼らの頭を刈って心を通わせました。（自叙伝74—75ページ）

私は家から送金されたお金を皆、貧しい人々に分け与えました。……私は一カ月分の食券が手に入ると、全部持って行って彼らに渡して、「食べろ、思う存分食べろ」と言って、すべて使いました。……お金を稼いで苦学生の学費を助けるのも私の楽しみでした。（自叙伝81ページ）

ために生きる人生に徹したとき、待っている幸福と出会えるのです。

では、夫婦関係について考えてみましょう。幸福は家族円満であり、その中心に夫婦円満があります。では、夫婦円満という幸福は、あなたを待っているのに、なぜ、幸福に出会えないのでしょうか？　ある奥さんはこう言うかもしれません。「決まってるでしょ。夫が自己中心で、私への愛が足りないからですよ」。ある夫はこう言うかもしれません。「決まってるだろ、妻が自己中心で夫へのいたわりが足りないからですよ」。

双方とも相手が不幸の原因と確信しています。不幸は相手のせいだと決めつけています。実は、「人のせいにする」思いが、不幸の原因となっているのです。自分のために伴侶がいるのでしょうか？　伴侶を犠牲にして自分が幸福になるために結婚したのでしょうか？

文鮮明先生は、結婚の意義について語られています。

「結婚は、私のためではなく相手のためにするものです。結婚するとき、立派な人やきれいな人ばかりを追い求めるのは間違った考えです。人間は、人のために生きなければなりません。結婚するときも、その原則を忘れてはいけません」（自叙伝228ページ）

「結婚は犠牲の上に成り立ちます。男性は女性のために生き、女性は男性のために生きなければなりません。私の利己心がすべて消えるときまで、絶えず相手のために生きなければなりません」（自叙伝230ページ）

どうやら、夫を幸福にしてこそ幸福になれる女性を妻と言い、妻を幸福にしてこそ幸福になれる男性を夫と言うようです。自分の幸福のために愛を乞う人は幸福になれないのです。

伴侶の幸せのために愛の実践をしたとき、「私を待っている幸福に」出会うことができるのです。伴侶に要求し続けている限り、「待っている幸福に」出会えません。自分の愛の不足に気づき、更なる愛の実践をするとき、「待っている幸福」に出会えるのです。

訓読書写で夫婦円満

文鮮明先生は、「言葉には魂がある」と言われます。文鮮明先生は、真の愛の人です。それゆえ、語られる言葉には真の愛の魂があるのです。その言葉を声に出し、耳で聞いて心に入れ込むことを、「訓読」といいます。さらに、紙に書き写すことを、「書写」と言います。その目的は、文鮮明先生の真の愛の魂を自分の心に書き写すことにあります。真の愛を〝移植〟することなのです。

訓読書写することで、多くの婦人たちが、ご主人を愛せるようになり、夫婦円満になっています。それは、自分の愛の不足を、気づいたときから始まっています。

ある婦人は、いつも機嫌の悪いご主人を愛せずに苦しんでいましたが、訓読書写で愛せるようになったそうです。

「いつも、家ではため息ばかりをついている主人に対して嫌気が差していた自分でした。しかし、文鮮明先生のみ言《ことば》を訓読書写することで、一日働いて、疲れている主人の体を思いやることもせず、また主人が心の中で何を考えているのかも察する努力もしなかった私の愛の足りなさに気づき、本当に反省させられました。そして、ひたすら、主人に感謝して尽くしていきました。そうしたら、毎日浴びるように飲んでいたお酒がとても控え目になってきました。おそらく、やめると思います。とても夫婦が円満になりました。ありがとうございました」。

ある婦人は夫への愛の不足に気づいて語っています。「私を憎む者までもひたむきに愛そう」といううみ言を訓読書写すると、愛せない夫に対してこんな思いが湧いてきました。「今の状態になりたいと思ったわけではないのに、精いっぱい頑張っている夫に対して心遣いをしてきただろうか?」と。

「そして、気づいたのです。重荷を抱えて働いている夫の後ろ姿を見ながら、それを本当に理解してあげていなかった自分、批判だけして寄り添ってあげなかった自分、家の主人として、男として、情けなさ、無念さを抱いている夫の心を理解してあげていなかった自分、そんな自分に気づくようになったのです。そうすると、心の底から夫への愛が湧いてきました。ありがとうございました」。

ある婦人のご主人は工事現場で働いていました。そのため、毎日、作業服を洗濯しなければなりません。洗濯機に作業服を放り込んで、いつも思ったそうです。

「こんなに一生懸命、洗濯してあげているのに、ありがとうの一言もないなんて」。不満が溜まってきて、夫への愛情が薄れていき、夫婦関係が壊れそうになったのです。

そんな時、訓読書写を始めたのです。毎日、書写しているうちに、奥さんは、あることに気づいたのです。「苦労して働いている主人に、今まで一言も、ありがとうって言ってあげたことがなかった……」。自分の至らなさを思って涙が込み上げてきました。そして、決意したのです。素手で作業服を洗ってあげようと。

ある日、手で洗っているとき、背中にふと人の気配を感じました。振り向くと、いつの間にかご主人が立っていたのです。ご主人は言いました。

「いつも、ありがとう」。

【第八章】
あらゆることに精いっぱいの誠を尽くす

私たちはあらゆることに精いっぱいの誠を尽くすべきです。それも一日、二日ではなく、常にそうすべきです。刀は一度使っただけで磨かないと、切れ味が悪くなってしまいます。誠も同じです。毎日刀を鋭く磨き、刀を研ぐという心で、絶え間なく継続すべきです。（自叙伝71―72ページ）

どんなことでも誠を尽くせば、我知らず神秘の境地に入っていくようになります。筆を握った手に誠心誠意の一念を込めて、「この手に偉大な画家が降りてきて私を助けよ」と祈りつつ精神を集中すれば、天下の耳目を驚かすような絵が生まれます。（自叙伝72ページ）

「誠を投入せよ！　眠けの中でも投入せよ！　へとへとになるまで投入せよ！　おなかが空いていても投入せよ！」と何度も何度も自分に言い聞かせ、ありとあらゆる反対とデマの中にあって、種を蒔《ま》く心情で祈りました。そして、その種は大きく育って必ず穫り入れられるだろうし、韓国で穫り入れが難しければ、間違いなく世界で穫り入れられるだろうと考えました。（自叙伝１４８ページ）

手抜きをせずに誠を尽くす

人は誰でも幸福を求めて生きています。では、どうしたら、幸福を得ることができるのでしょうか？　文鮮明《ムンソンミョン》先生は「あらゆることに精いっぱいの誠を尽くす」ことだと言われます。

「精いっぱいの誠を尽くす」とは、全身全霊で愛し続けることです。自分の全てを愛する人のために捧げ尽くすことです。精いっぱいの「精」と、誠を尽くすの、「誠」を合体させると「精誠」となります。あらゆることに「精誠」を尽くすことで、真《まこと》の幸福に至るのです。言い換えれば、手抜きをしないことです。人は尽くしたにもかかわらず、好ましい結果が出ないと、手抜きをしたくなります。「精誠」とは、手抜きをせずに、愛し続けることなのです。

かつて、手抜き建築を設計して逮捕された設計士、建築士がいました。ビルやマンション建築では設計者は住人の命を預かっています。建築は設計どおりに施工されるからです。地震や暴風雨に耐えられる建物を設計しなければなりません。ところが、この建築士は、原価を下げて収益を上げるために、鉄筋の数を規定よりも少なく設計したのです。殺人と同罪です。骨組みを手抜きされたマンションは、軽度の地震で倒れて、住民の命が危険にさらされるからです。建築ですら、手抜きすれば、倒れるのです。

では、夫婦関係や家族関係はどうでしょうか。あなたは夫婦関係、家族関係では、互いに、愛の手抜きをしていませんか？　もし、そうだとすれば、ささいな言葉のやり取りの〝地震〟で、家庭は倒壊してしまうでしょう。貧しさや病気などの〝暴風雨〟で、簡単に崩壊するでしょう。ビル、マンションよりも強固であるべき高層建築が夫婦なのです。

あらゆることに「精誠」を尽くすとはどういうことなのでしょうか。大きなことや自分の気に入ることのみに力を注ぐことではありません。「あらゆること」に対してなのです。家庭の主婦であれば、化粧や髪形、服装に時間をかけて、掃除、洗濯を適当に行えば、手抜きしたことになります。ましてや、ご主人が家を出たあと、化粧や髪形にたっぷり時間をかけるのは、夫に「精誠」を尽くしているとはいえません。

ご主人の場合、大きな顧客を大事に扱い、小さな顧客を粗末に扱えば、あらゆることに「精誠」を尽くしたことにはなりません。へたをすると、全ての顧客を失うことになります。かつて、国民的歌手の三波春夫さんが言ったように、「お客様は神様」なので、全てをお見通しなのです。

ある会社のトップセラーは、お客様を大切にして億単位の営業実績を上げます。その一方で、トイレ掃除のおばさんに頭を下げて、「御苦労様です。ありがとうございます」と言って感謝するそうです。上司だけではなく同僚や後輩の面倒をよく見るそうです。分け隔てなく人を大切にする姿勢が、お客様からの信頼をかちえているのです。

あるタクシーの運転手がいました。この方は、最高の実績を上げ続ける人です。その秘《ひ》訣《けつ》を次のように語っています。

「お客様を差別せず、誰でも、大切に扱うことです」。

ある大雨の日のことです。急な雨だったので、行き交う人はびしょぬれです。しかし、タクシーにとってはありがたい日です。タクシーを必要とする人が多いので、運転手は、人を選ぶことができるからです。できれば、メーターが上がる遠距離に行くお客様を乗せたいところです。

車を走らせていると、いかにも貧相な老人が呼び止めたそうです。ずぶぬれの老人を乗せればシートが汚れ、しかも、短距離しか乗らないかもしれません。一見すると、そんな人なのです。売り上げを考えると見過ごしたほうがよさそうです。しかし、この運転手さんは、そうはしませんでした。どんな人でも差別せず、大切に扱う人だったからです。

ところが、お客様を乗せて仰天しました。そのみすぼらしそうな老人は、大会社の社長だったのです。そして、三時間かかる遠距離を指定したそうです。一日の売り上げはその人一人で十分でした。帰りは、余裕で海釣りを楽しんで帰ってきたそうです。「タクシーは人生です」と語ってくださいました。

最も大切な字「誠」

文鮮明先生は、人類を幸せにするために、生涯を捧げられました。一言で言えば、「精誠」の人だったのです。その方をどうしても深く知りたいと思った人がいます。それは、文先生の七番目の子女である文亨進《ムンヒョンジン》氏です。文鮮明先生はお父さんですが、その子供にとって、分かっているようで分からないのが、「父とはどういう人か」ということです。

ひょっとすると、子供が父親の本質を理解するのは至難の業かもしれません。一生、理解できず、父親の死後初めて分かることもあります。同じ家で一緒に暮らしても、分かりにくい存在なのです。「父の背中を見て育つ」とは言われますが、肝心の、前の姿が見えません。ましてや、お父さんが世界的指導者、文鮮明先生です。

文鮮明先生はイエス様から受けた天命、「苦しんでいる人類を救って神様を喜ばせてさしあげなさい」を成就するために世界中を飛び回りました。そのため、家で子女たちと過ごすことができませんでした。文亭進氏は自著で次のように述べています。

「両親と会えたのは、いろいろな機会をすべて合計したとしても、一年のうちでたったの一週間か二週間にすぎず、しかもその時ですら、せいぜい朝のあいさつができる程度でした」（『はげ頭と苺』文亭進著、光言社、33ページ）

それでも、お父さんの本質を知りたくて、あるひらめきを得ました。それは、父である文鮮明先生が最も大切にしている漢字を一文字だけ選んでもらう、ということだったのです。

「お父様にとって最も貴重な文字はどの文字なのか教えてください、とお願いしました。正にこの瞬間、この教え、この知恵をずっと待ち望んでいたのでした」（同73ページ）

もし、読者の皆さんが、お子様から同じ質問を受けたとしたら、どの漢字を選びますか？

あるお父さんはこう言ったそうです。「決まってるだろ、金、だよ」。

さて、文鮮明先生はどんな字を選ばれたのでしょうか。

「即座に、お父様は一つの文字を書かれました。それは決して忘れることのできない瞬間であり、悟りの時でした。お父様が書かれたのは『誠』という文字でした。この文字は、〝ことば（言）〟と、〝なる（成）〟という二つの文字が合わさったものだと説明されました」（同74ページ）

文鮮明先生は、「言葉には魂があります」（自叙伝289ページ）。「言葉はすなわち人です」（自叙伝288ページ）と語っていらっしゃいます。

文鮮明先生の魂を一言で言えば、「真の愛」です。真の愛からにじみ出るのが「言葉」なのです。文亨進氏にとってお父さんは、「真の愛を語る人」ではなく、「真の愛に成った人」だったのです。

農夫と苺《いちご》の話

文亨進氏はそのことを強烈に悟った体験を記述しています。お父さんを理解するために、世界の様々の宗教を研究し、修行もしました。その過程で、仏教の禅宗の導師に出会いました。導師は人生の極意として「農夫と苺」の話をしてくれました。それを聞いて本当に感動したのです。

では、「農夫と苺」の話とはどんな話なのでしょうか。

昔ある所に、朝から晩まで田んぼで一生懸命に働く、貧しい農夫がいました。ある日、農夫は、うたた寝をしてしまい、目を覚ますと、もう夜でした。農夫は起き上がって、すぐに家路を歩き始めました。早く帰ろうと思い、森を横切って行くことにしました。真夜中の森の静けさは、はるか遠くから、ふくろうの寂しい鳴き声まで聞こえるほどでした。

ふと農夫は、そこに何かが潜んでいるのを感じました。

農夫は息を弾ませながら、足を速めました。何かが聞こえてきました――あとをつけてきて、獲物を仕留めようとする何かが……農夫は走りだしました。間違いなく後から、ペースを速めて追ってくる、重々しい足音が聞こえました――何者かが来ている。

今や農夫には、腹をすかせてよだれを滴らせている何ものかの、息遣いまでも聞こえてきました。命の危険を感じて、農夫は一目散に走り始めました。

突然、目の前に崖が現れました。その獣は、後ろからますます近づいてきます。農夫は思い切って跳びました。空中をくるくると回りながら、幸運にも一本のつるをつかみ、そのつるにつかまって助かりました。

上を見ると、崖っぷちから、その獣が姿を現し、下を見下ろしています――それは巨大な虎でした。

虎は言いました。「こっちに上がってこい。食べてしまうぞ」と。その瞬間、今度は下を見下ろすと、暗闇からもう一匹の別の虎が姿を現しました。そして「降りてこい。食べてしまうぞ」と言うのです。それで終わりではありません。再び、上を見上げると、一匹の黒いねずみと一匹の白いねずみが、唯一の命綱であるそのつるをかじっているではありませんか。

その絶体絶命の瞬間、目を開けてみると、ちょうど農夫の目の前に、甘くておいしそうな苺がありました。農夫はその苺を取って口に入れました――そのおいしかったことといったら……。（『はげ頭と苺』文亭進著、光言社、28―29ページ）

この話は、死の定めに生きる人生のあり方を諭しているのです。上と下にいる虎は避けることのできない「死」を意味しています。白いねずみは昼を、黒いねずみは夜を表し、一日一日ごと死に向かっていく人生を表しているのです。そんな絶望的な人生の中にも、必ず極上の苺があるというのです。苺は、味わい深い喜びの境地を意味しています。そんな心眼を開きなさい、ということです。

この話と悟りの境地に感動した亨進氏は、それを父の文鮮明先生に話してみました。人生最大の衝撃はこの時に起こりました。自分の父親である文鮮明先生が、どのような人であるのかが分かった瞬間だったのです。

この物語をお父様にお話しした時に、驚くべきことが起きたのです。話を聞くやいなやお父様は、こうおっしゃいました。「うん。それは分かるけど、それならその苺を、そのねずみと虎にもやらないとね！」と。

これを聞いた時、私はびっくり仰天して、思わず気が遠くなりました。これは考え抜かれた言い返しではなく、正にお父様という方の存在そのものの反映であり、それが自然と口を突いて出てきたものでした。考える時間も取らずに、さっと示された、この方のあまりにも深淵な高められた慈悲心――自分の命であるその「苺」を、よりによって自分を滅ぼそうとしている、正にその者に与えるという心をもつこと、その最悪の敵さ

えも完全に愛するというお父様の心の前に、私は完全に圧倒され、本当に気を失いました。（同31ページ）

まさしく、文鮮明先生は、怨讐《おんしゅう》を愛する心をもった真の愛そのものだったのです。

精誠を尽くして建てた塔は崩れない

あらゆることに精いっぱいの誠を尽くす。それは、どんなことがあっても変わらずに愛し与え尽くし続けることです。それには、「三つの愛し続けること」があるのです。

一つは、感謝されなくても愛し続ける。

二つは、無視されても愛し続ける。

三つは、裏切られても愛し続ける。

では、そこまでして、愛し続けて報われるのでしょうか。文鮮明先生は確信をもって言われます。

「『誠を投入せよ！　眠けの中でも投入せよ！　へとへとになるまで投入せよ！　おなか

が空いても投入せよ！』と何度も何度も自分に言い聞かせ、ありとあらゆる反対とデマの中にあって、種を蒔く心情で祈りました。そして、その種は大きく育って必ず穫り入れられるだろうし、韓国で採り入れが難しければ、間違いなく世界で穫り入れられるだろうと考えました」（自叙伝１４８ページ）

もし、ある人に精誠を尽くして実らなかったとしても、別の人に実るのです。

もし、その人に実らなかったとしても、その子孫に実るのです。

もし、その時代に実らなかったとしても、次の時代に実るのです。

もし、その日に実らなかったとしても、あすには実るのです。

もし、その国に実らなかったとしても、別の国に実るのです。

その輝く原理があるからこそ、精誠を尽くせば、人を必ず幸福にすることができるのです。

ひたむきに「精誠」を尽くす心、それこそが最高の宝なのです。

精誠を尽くして建てた塔は決して崩れないのです。

【第九章】

意志さえあればできないことはない

その頃、草梁《チョリャン》の労務者用の宿舎に入ることができました。部屋が呆《あき》れるほど小さくて、対角線で横になっても壁に足が当たります。その後、知り合いの家に泊めてもらい、その部屋で鉛筆を削り、心を尽くして『原理原本』の草稿を書きました。極貧の生活だろうと何の問題もありませんでした。たとえゴミの山の中で暮らしたとしても、意志さえあればできないことはないのです。（自叙伝124—125ページ）

歴史上、偉大な指導者は、皆幼い頃から人生の目的が明確でした。彼らは、幼い頃に胸に抱いた目的を生涯大切に持ち続け、それを成し遂げようと熾烈な人生を生きました。寝て、起きて、活動するすべての人生の営みが、未来の舞台を準備するためのものだったのです。今、果たしてどれだけの人がそのような人生を生きているでしょうか。

私たちは全員、偉大な人間として創造されました。何の意味もなく皆さんがこの世界に出てきたのではありません。神様は、自分のすべての愛を注いで私たちをつくりあげられたのです。ですから、私たちはどれほど偉大な存在でしょうか。神様がいらっしゃるので、私たちは何でもすることができるのです。（自叙伝327ページ）

不幸は人のせいではありません

人は誰でも幸福を求めて生きています。結婚して子供を育てるのも幸福のためです。その子供への父母の願いも幸せな結婚と幸せな家庭をつくることです。そして、気立ての良い嫁とかわいい孫に囲まれた幸福な老後を迎えることです。お迎えが来たら、もちろん極楽、天国へ連れて行ってもらうのです。生きて幸せ、死んで幸せ、それが、万民の切なる願いです。

しかし、現実はどうでしょうか。幸福になれると確信して結婚した伴侶と葛藤しています。最も大きな不幸と苦しみは夫婦関係です。医療の驚異的発展によって難病でも回復できる時代がきました。しかし、〝夫婦病〟には適切な薬はないようです。万能細胞でも夫婦の難病を治す見込みはありません。

では、親子関係はどうでしょうか。母親は陣痛の苦しみを超えて子供を出産します。子育てに幸せを求めているからです。しかし、その子供に陣痛以上に苦しんでいる母親が多くいます。男の子が結婚すればお嫁さんが来ます。そのお嫁さんと生活して、幸福になれましたか？　むしろ、新たなる嫁姑の葛藤が始まって苦しんでいる姑もいます。

嫁姑の激しい葛藤に苦しんだ夫が川柳を作って投書しました。この句が、優秀賞になったそうです。この方は化学薬品の会社に勤めているに違いありません。その句とは、

有害だ　「混ぜるな危険」　嫁姑　（第18回第一生命サラリーマン川柳）

ところで、「自分ほど不幸な人はいない」と嘆いている人には共通した思いがあります。私は「不幸にさせられた」という思いです。不幸の被害者と思い込んでいるのです。しかも、不幸にさせた加害者を特定しています。警察に捜索を頼む必要はありません。既に真犯人は明らかなのです。なぜなら、同居して毎日顔を合わせている人だからです。夫という名前であったり、妻という名前であったりします。

妻は夫の根性の悪さのせいで不幸になったと思い込んでいます。夫は妻のかわいげのなさによって不幸になったと思い込んでいます。互いのせいにし合っているのです。被害届があれば、次のように書くはずです。

「私は幸福になるために努力しています。だけど、あの人が邪魔をして私を不幸にしたの

です。私は正しくて、あの人が間違っているのです」。

では、文鮮明《ムンソンミョン》先生は、人間の幸福をどのように考えておられるのでしょうか。先生は、「意志さえあればできないことはない」。つまり、幸福になろうとする強い意志があれば、必ずなれると言われているのです。この考えによると、不幸は誰のせいでもなく、自分の意志薄弱の結果、ということになります。

「夫の言葉に傷ついて不幸になった」と断言する妻がいるとします。真実は違います。夫の暴言を乗り越えて夫を愛そうとする意志の弱さが不幸の原因なのです。夫のせいにするのは、自分の意志の弱さを覆い隠そうとしているためです。

妻の言動に怒って暴力を振るった夫がいたとします。大喧嘩ののち、夫はうそぶきました。「嫌味を言って俺を怒らせた妻が悪い。喧嘩の元は妻なんだ」。

残念ながら違います。怒りを抑えられない夫の意志の弱さが喧嘩の元なのです。自分の意志の弱さを覆い隠すために「人のせい」にしているのです。しかも、そのことに、気がついていません。夫婦円満は、幸福への強靭《きょうじん》な意志をもたない限り実現しません。

川は上流から下流に流れます。ところが、幸福は下流から上流に上ってこそ出会えます。幸福を求める人は流れに逆らって上流を目指す船乗りのようなものです。困難を乗り越える強い意志がなければ幸福山の頂上には到達できません。

到達できなかった人は、必ず言うでしょう。「川の流れが強かったせいで上れなかったんだ」と。

一般的に、自分の志を達成した人は、意志の強い人たちです。野球界では、メジャー・リーグで大活躍の、イチロー選手がいます。プロ選手で成功するためには、困難に打ち勝つ強い意志がなければなれません。ましてや、メジャーです。華々しくデビューしても、試練は間断なく来ます。それを乗り越えた選手だけが生き残るのです。

不況にあえぎながらも業績を伸ばす経営者も、強い意志をもっています。幾度の不振を乗り越えて歌い続ける歌手たちも、失敗にめげずに研究し続ける科学者たち、すべて、意志の強い人たちです。不運を人や社会のせいにしている人に成功の見込みはありません。

成功の秘訣《ひけつ》は「自分の意志の強さにある」と悟れば道が開かれるのです。意志さえあればできないことはないのです。

人を幸福にする意志

文鮮明先生の意志は、自分の能力を発揮して成功したスポーツ選手や経営者たちとは一種異なるようです。文鮮明先生の意志は、「人を幸せにする」という心なのです。文鮮明先生は、少年の頃から並外れた自然観察力がありました。そのため、科学者になろうという志もあったようです。しかし、それを断念しました。それは、あまりにも、不幸で苦しむ人々を思いやったからです。

「私は人々の流れる涙をぬぐい、心の底に積もった悲しみを吹き払う人になりたかったのです。……人々に幸福をもたらす者になろうという心だけは固まっていきました」（自叙伝58ページ）

十五歳のときに、イエス様と出会って、その志は天命となりました。イエス様は、「苦しんでいる人類のゆえに、神様はあまりにも悲しんでおられます。……苦しんでいる人類を救い、神様を喜ばせてさしあげなさい」と命じられたのです。

あまりにも大きな天命です。自分と家族を救うだけでも大変なことです。文鮮明先生の青少年時代、朝鮮半島は日本の統治下にありましたから、民族を救うことだけでも至難の業だったのです。しかし、イエス様は、「人類を救って、神様を喜ばせてさしあげなさい」と言われたのです。

人類の中には怨讐《おんしゅう》であった日本人も入ります。この大きな困難を伴う天命を文鮮明先生は、イエス様の悲しい顔が胸に刻まれたがゆえに決意されたといいます。

最初に文鮮明先生が取り組んだのは、「幸福の原理」を解明することでした。人類を救うためには、不幸の根本を突き止め、永遠の救いの道を解明しなければなりません。幸福の原理とは、誰でも実践すれば、幸福になれる法則です。

科学者や哲学者が、その分野の原理を解明するためには、思索に没頭できる研究室などの環境が必要です。多くの発見は、大学教授として研究している過程でなされています。当然、生活の安定も不可欠です。生活に追われていては、研究に集中できないからです。また、多くの支援者も必要です。

しかし、文鮮明先生には、真理を探究するための研究室もなければ安定的な収入も一切なく、支援者もいませんでした。施設もお金もなく、支援者もいなかったのです。むしろ、迫害する人のほうが多かったのです。

一九五〇年代、朝鮮戦争のさなか、北朝鮮から脱出した文鮮明先生は釜山《プサン》で「統一原理」をまとめ始めました。環境は最悪です。その当時のことを、自叙伝で触れられています。

「釜山の地は避難民でごった返していました。朝鮮八道の人が全部集まったかと思えるほどで、人が生活できる所は軒先までぎっしりと詰まっていて、お尻一つ入り込める隙間も残っていませんでした。仕方なく、夜は林の中に入って木の上で眠り、昼になるとご飯を求めて市内に下りていきました」（自叙伝122ページ）

このような過酷な環境の中で、人類を救う『原理原本』を執筆されたのです。

「その頃、草梁の労務者用の宿舎に入ることができました。部屋が呆れるほど小さくて、対角線で横になっても壁に足が当たります。その後、知り合いの家に泊めてもらい、その部屋で鉛筆を削り、心を尽くして『原理原本』の草稿を書きました。極貧の生活だろうと何の問題もありませんでした。たとえゴミの山の中で暮らしたとしても、意志さえあればできないことはないのです」（自叙伝124―125ページ）

文鮮明先生は、神様と人類を愛する意志で幸福の原理を体系化されたのです。文鮮明先生の「意志」は、神様と人類を愛する、真の愛のほとばしりだったのです。真の愛の実践力だったのです。自分の欲望を満たそうとする意志ではなく、人類を幸福にしようとする真の愛そのものだったのです。

「真の意志」には次の三つの心がありません。

〝できない〟という心。
〝諦《あきら》める〟という心。
〝何かのせいにする〟心。

ハングル創製「世宗《セジョン》」

世界には多くの言語がありますが、文鮮明先生は、韓国の文字「ハングル」をとても評価しています。創製された当時は「訓民正音《くんみんせいおん》」と言われましたが、二十世紀に入ってから「ハングル」と呼ばれるようになりました。「ハングル」とは偉大な文字という意味です。

韓国の言葉には、人の心情を表現できるさまざまな形容詞と副詞が非常に豊富です。この世界のいかなる国の言葉も、人の複雑な心を韓国の言葉ほど繊細に表現できません。言葉はすなわち人です。言葉が繊細だということは、その人の心が繊細だということです。韓国人が使うハングルもまた、どれほど素晴らしいでしょうか。私は「訓民正音」という言葉が本当に好きです。「民を教える正しい音」という、このように美しい意味を持つ文字を使う国は韓国だけです。デジタル時代となり、ハングルの優秀性がより大きく表れています。子音と母音の単純な組み合わせだけで、人間がこの世で出すあらゆる音をすべて記すことができるのですから、本当に驚くべきことです。（自叙伝288―289ページ）

では、「ハングル」はいつ、誰が創製したのでしょうか。朝鮮王朝第四代王、世宗《セジョン》（在位1418年―1450年）によって作られました。

彼は、一時期、政局に巻き込まれて王宮から辺境の地に左遷されました。そこで、苦しむ見捨てられた民の悲惨な姿を目にしたのです。漢字を読めないがゆえに、王様に苦情を訴えられない民たち、漢字文書をだまされて罪をかぶせられる民たち、彼らのために、涙を流し苦悩したのです。ある意味では、王という立場を超えて、民衆の父母の立場に立ったのです。そのため、漢字の読めない民衆のために文字を作ろうと決意したのです。

しかし、王の前に、二つの大きな壁と試練が立ちはだかります。

一つは、国家を運営する官僚たちと王を支えていた文化的指導者たちです。彼らは、漢字を熟知することによって優位性と特権を維持していたのです。こぞって大反対しました。

もう一つは、中国、明帝国です。周辺諸国を軍事力で威圧し従属させていました。朝鮮王朝が漢字を使うことで中国の優位性を誇示していたのです。朝鮮王朝が固有文字を作ることなど、絶対に許さず、強行すれば、戦争を仕掛ける危険性もあったのです。

この二つの試練を克服して「ハングル」創製を成し遂げた世宗の不退転の意志を描いたのが、韓流歴史ドラマ『大王世宗』です。

ドラマ『大王世宗』では、民衆への愛の意志が二つの試練を乗り越えていく過程が見事に描かれています。

世宗は文字開発のために不眠不休、全身全霊で投入します。しかも、周りの官僚たちに気づかれずに細心の注意を払ってです。民衆のために、国政を担当する指導者たちをあざむいたのです。しかし、その心労がたたって世宗は失明してしまいます。愛で目を失ったのです。

王がかつて最も信頼していた部下も徹底的に反対し、ついに辞表を提出します。王は権力を行使して部下を処刑できたのです。しかし、世宗はそうしませんでした。それどころか辞表も受理しません。彼が承認してこそ、ハングル公布が可能だと確信していたからです。

反対する部下はハングル創製の秘密基地を突き止め、王様と刺し違えてでも阻止しようと命懸けで乗り込みます。

暗い地下の一室、蝋燭《ろうそく》のともし火がわずかに世宗を照らしています。部下は襲いかかろうとしますが、思いとどまりました。なぜなら、世宗は自分を見ているはずなのに別人の名前を呼んだからです。その時、部下はすべてを悟ったのです。そして、涙がこみ上げてきました。

泣きながら自らに語った言葉を要約すればこうなります。

「きょう、私は負けます。あなたが注いだ心血を認めます。あなたが、視力を損なってまでも、祖国朝鮮を思うあなたの熱意に私は敗れたのです」。

こうして、ハングル創製は、王宮の統一された意思となったのです。第一の試練は、克服できました。意志さえあればできないことはなかった、のです。

しかし、中国が認めない限り公布できません。既に、明帝国は世宗の意志を察知して暗殺を試みたのです。

ところが、奇跡は起こりました。

ドラマ『大王世宗』は、世宗の妻（王后）の働きを見事に演出しています。

ある日、中国皇帝に、世宗の妻が贈り物を持って謁見します。皇帝はあどけなさを残す少年です。朝貢の品は王后が自ら真心を込めて縫い上げた綿入れの服でした。皇帝は厳寒の地に遠征に出掛けるところでした。

「つたない出来ですが、母の真心を込めました」。

皇帝は幼い頃、母の愛を受けなかったのです。皇帝は胸を打たれ、「何か、お礼をしたいが」と問いかけます。

世宗の妻は首を振って答えました。

「何もございません。既に夫からこの世の何物にも替えられない貴重なものをもらいましたから」。

その後、妻は、中国まで三千里を歩んだ過労でこの世を去ります。

やがて、中国皇帝の使節が世宗に会いに来ます。世宗は失明を気づかれないように対面します。しかし、使節団長は何度も世宗の命を狙った非情な男です。たちまち、失明を見破ります。知った上で彼は中国皇帝の言葉を伝えます。

「王后様が愛された朝鮮の文字が広く普及することを望んでいます」。

世宗の夫婦愛と民衆への愛が中国皇帝の心を動かしたのです。使節団長は、別れ際に、部下にこう言います。

「一人の盲人が万民の目を開いた」。

大王世宗の民衆への愛の意志が不可能を可能にしたのです。ハングルは王と王妃の父母の愛から生まれたといえます。

そして、大王世宗は、高らかにハングルを宣布します。

「わが国の言語は中国と異なり、漢字とは互いに通じない。それゆえ民は言いたいことがあってもついにその意を表すことができない。私はこれを哀れに思い、新たに二十八文字をつくった。すべての民がすぐに学ぶことができ、日々の使用を簡便にしようとの思いからである」（『訓民正音』例義篇）（『韓国の歴史を知るための66章』金両基編著、明石書店、164ページ）

意志さえあればできないことはないのです。

では、どうしたら幸福への真の意志をもつことができるのでしょうか。簡単なことです。「朱に交われば赤くなる」という諺があるように、意志の強い人と交流すればいいのです。

愛には不思議な力があります。愛した人と、似ていく、という力です。愛の意志が弱くて、人のせいにばかりしている人と交流すれば、同じようになります。

文鮮明先生は、強い意志を持った真の愛の人です。その方と交流すれば、意志の強さを身につけられるのです。真の愛の人に交われば真の愛の人になれるのです。

では、どうしたら、交流できるのでしょうか。文鮮明先生は語られます。

「言葉には魂があります」（自叙伝289ページ）。「言葉はすなわち人です」（自叙伝288ページ）。

文鮮明先生の言葉を通して真の愛を身につける修養が、訓読と書写です。訓読とは、言葉を読み上げて耳で聞くことです。書写とは、言葉を紙に書き写すことです。

訓読と書写を通して、真の愛の魂を自分の心に移植していくのです。まず、私自身が真の愛の人となり、次に私と交流する人たちが変わっていくのです。

「急がば回れ」と言いますが、最も効率的で効果的な取り組みが、自分が変わることなのです。

【第十章】

幸福は、人のために生きる人生の中にあります

幸福は必ず相対的な関係においてのみ成立します。生涯を声楽家として生きてきた人が、無人島に行って声が嗄《か》れるほど歌を歌ったとしても、聞いてくれる人がいなければ幸福になることはできません。私がある相対のために存在しているという事実を悟ることは、人生の尺度を変えるような一大事です。私の人生が私だけのものでなく、誰かのためのものであるとすれば、今までの生き方とは全く違う道を行かなければなりません。（自叙伝３４３ページ）

幸福は、人のために生きる人生の中にあります。自分のために歌を歌ってみても全然幸福ではないように、自分のためのことには喜びがありません。いくら小さくて、取るに足りないことでも、相手のために、人のためにするとき、幸福を感じるのです。幸福は、「為《ため》に生きる」人生を生きる時にこそ発見できるのです。

（自叙伝３４３ページ）

幸福の種蒔《ま》き

人は誰でも幸福を求めて生きています。そのために、多くの人たちが年末年始になると、神社やお寺を参拝します。願い事は、自分と家族の健康や家族円満です。子供の合格受験や良縁も願います。生活の向上も大切なお願いです。

では、幸福とは、自分と家族だけの願いが満たされることなのでしょうか。文鮮明《ムンソンミョン》先生は、少し違う幸福観を持っています。人のために生きて、人が幸福になった姿を見て感じる喜び。それこそが幸福と考えておられます。自叙伝には十歳のときの出来事が書かれています。

十歳の時でした。大みそかの日になって、村じゅう餅をつくるのに大忙しだったのに、暮らし向きが困難で食べる物にも事欠く村民がいました。私はその人たちの顔が目に焼き付いて離れず、一日中、家の中をぐるぐる回ってどうしょうかと悩んだあげく、米一斗を担いで家を飛び出しました。家族に気づかれないように米袋を持ち出そうとして、袋に縄を一本結んでおく余裕もありませんでした。それでも、米袋を肩に担いだまま、つらさも忘れて、勾配《こうばい》が険しい崖道を二十里も跳ねるように駆けていきました。おなかを空かした人たちを腹いっぱい食べさせることができると思うと、気分が良くて、胸がわくわくしました。（自叙伝22―23ページ）

文鮮明先生にとって幸福とは、ために生きて味わう喜びなのです。幸福になった人から頂く喜びなのです。プレゼントなのです。


夫を幸せにして、夫から喜びを頂く人を妻と呼びます。

妻を幸せにして、妻から喜びを頂く人を夫と呼びます。

子供を幸せにして、子供から喜びを頂く人たちを親といいます。

父母を幸せにして、父母から喜びを頂戴するのが子供です。

お嫁さんを幸せにして、喜びを得る女性を姑と呼びます。

姑さんを幸せにして、喜びを賜る女性を嫁といいます。

幸福は頂きものなのです。

「良く働く人は幸せになる」と諭す人がいます。この方によると、働くとは、「傍《はた》を楽にする」つまり、傍らの人を幸せにする、ことなのです。

また、人のために生きることは〝幸福の種蒔き〟とも言えます。蒔いた種は花を咲かせ、実を結びます。妻が夫に種を蒔けば、夫から幸福の実を頂けるのです。夫が妻に種を蒔けば、妻から幸福の果実を食べさせてもらえるのです。

ところで、幸福の種を歌で蒔いているのが歌手です。文鮮明先生はこう語っています。

「生涯を声楽家として生きてきた人が、無人島に行って声が嗄れるほど歌を歌ったとしても、聞いてくれる人がいなければ幸福になることはできません」（自叙伝３４３ページ）

確かに、どんなに素晴らしい歌手でも、聞いてくれる人がいなければ空しい限りです。聞いて喜んでくれる人、慰められる人、涙を流して感動してくれる人、それらの人たちがいてこそ、歌手は幸福になれるのです。

歌手といえば、紅白歌合戦があります。一年の締めくくりとなるＮＨＫの歌の祭典です。参加できれば歌手の誉れです。なかでも最後を盛り上げるトリは力量、運気とも抜群の歌手が選ばれます。近年は、グループで歌う傾向があります。二〇一二年は、男性白組はスマップ五人組、女性紅組は、いきものがかり、でした。

昔は、一人の歌手が大いに盛り上げたものです。紅組は何と言っても美空ひばりさんでした。男性白組でも、NHKホールが春のように華やかになる歌手がいました。三波春夫さんです。「東京音頭」「チャンチキおけさ」など、大いにヒットしました。三波さんは、当時、誰もが知っている名文句を言いました。

「お客様は神様です」。

三波さんは、お客様という神様の前で歌っていたのです。神様を歌で喜ばせていたのです。お客様の喜びがあって、歌手としての喜びがある、と自覚されていたと思います。

この言葉は、単なるリップサービスではありません。三波さんの苦労だらけの人生からにじみ出た言葉なのです。浪曲師だった三波さんは太平洋戦争で出兵しました。戦争が終わったとき、兵士たちは過酷な戦場から本土へ帰還しました。しかし、三波さんは帰れませんでした。戦場よりもっとつらいと言われる場所に行ったからです。

旧ソ連の捕虜となり、シベリヤで強制労働に服したのです。同志たちの悲惨な死を見つめたに違いありません。解放されて帰ってきて、できることは歌を歌うことだけでした。きっと、歌を聴いてくれる人たちが、神様のように見えたに違いありません。確かに誰もが神様に生かされているように、三波さんはお客様に生かされたのです。文鮮明先生が言われるとおりです。

「自分のために歌を歌ってみても全然幸福ではないように、自分のためのことには喜びがありません。いくら小さくても、取るに足りないことでも、相手のために、人のためにするとき、幸福を感じるのです。幸福は、『為に生きる』人生を生きる時にこそ発見できるのです」（自叙伝343ページ）

夫婦であれば、夫は妻の歌手であり、妻は夫の前で最高の歌手にならなければなりません。妻の奏でる愛の歌で夫が拍手喝采《かっさい》をするとき、無上の喜びが妻の心を満たすのです。

星野富弘さんの詩画

人のために生きるには、五体満足で五本の指が動かなければならない、と考えがちです。体が健康でなければ幸福になれない、とも思いがちです。しかし、必ずしも、そうではありません。

群馬県の山奥に美術館があります。美術館は街中にあるのが普通ですが、なぜか、山奥にあります。驚いたことに、毎日千人、一週間で一万人が観光バスで来るのです。そして感動して帰っていきます。美術愛好家ばかりでなく、農家の方、サラリーマン、家庭の主婦、学校の先生と生徒たち、ありとあらゆる人たちが鑑賞に来ます。一様に感動して涙するのです。名前を富弘美術館といいます。

では、いったい、何が展示してあるのでしょう。花の画に詩が添えられた「詩画」が展示されているのです。この詩画を創作したのは、星野富弘さんです。この山奥は、星野さんの出身地なのです。

星野さんは、二十四歳のとき「全てを失ってしまった、人生はこれで終わりだ」と思ったそうです。中学校の体育の先生をしていて、クラブ活動の模範演技中に頭から転倒し、頚髄を損傷してしまったからです。その結果、手足の自由が奪われ、ベッドで天井を見るだけの生活になりました。食事も何もかも自分ではできません。

頭も顔も自由に動かせないのです。「生まれてこなければよかった」と後悔したり、「死にたい」と何度も思ったそうです。「眠ってる間に心臓が止まる」ことを願ったこともありました。そんな絶望的な日々を過ごしていたとき、大きな転機となる出来事が起きたのです。

同じ部屋に入院していた中学生が東京に転院しました。その子がとても寂しがっているので、「励ましの言葉を愛用の帽子に書いてください」と母親が訪ねてきたのです。でも彼は手が動かないので書けません。でも、なんとか書いてあげたい、と思ったのです。必死な思いで、口でペンをくわえてみました。でも動かせません。母親が帽子を回してようやく、字が書けたのです。そのたどたどしい文字が、中学生を感動させたのです。彼は、中学生の喜びの声を聞いて、人のために生きることの素晴らしさを、悟ったのです。その一念から、口で筆をくわえて花の絵を描けるようになったのです。彼は手も指も動かせないのです、絵の具をつけられません。それを、全て、母親がしました。

さらに、ひらめいた思いを詩に表して、花の絵に添えたのです。こうして、創作されたのが「詩画」です。詩画は、母と子の愛の合作であり、人を喜ばそうとする愛の結実だったのです。「詩画」は花のように愛が咲いているのです。その愛の香りが、人々を感動させていたのです。

彼が自分の境遇だけを考えていたときは、絶望しかありませんでした。しかし、人を喜ばそうと思ったとき、生きる希望が湧いてきたのです。

実は、彼の心を変えたのは、中学生の出来事とともに、友人が枕元に置いた聖書でした。神様の愛との出会いだったのです。彼は事故を通して全てを失ったかに見えました。しかし、神様の愛に出会って全てを得ることができたのです。それは、「いのちは人を喜ばすためにある」という悟りでした。そして、母親の愛を見いだすことができたのです。

私はけがをして失ったものもずい分あるけれど、与えられたものは、それ以上にあるような気がした。

私が入院する前の母は、昼は畑に四つんばいになって土をかきまわし、夜はうす暗い電灯の下で、金がないと泣き言を言いながら内職をしていた、私にとってあまり魅力のない母だった。……

もし私がけがをしなければ、この愛に満ちた母に気づくことなく、私は母をうす汚れたひとりの百姓の女としてしかみられないままに、一生を高慢な気持ちで過ごしてしまう、不幸な人間になってしまったかもしれなかった。（『愛、深き淵より。』星野富弘著、立風書房、183ページ）

そして、風にゆれる、なずなを描き母の詩を書きました。

神様がたった一度だけ

この腕を動かして下さるとしたら
母の肩をたたかせてもらおう
風に揺れる
ペンペン草の実を見ていたら
そんな日が
本当に来るような気がした（同書、２２１―２２２ページ）

星野さんの詩画を鑑賞した人は、自分の人生を振り返って反省するそうです。「私は愛のなまけものだった……」。

私たちは健康を願います。では、健康とは、何のためにあるのでしょう。幸福になるためです。そのとおりです。健康で、人のために生きたとき、幸福になれるのです。動く二本の手足と五本の指を、人のために活用したとき、幸福を感じられるのです。

結婚は相手のためにする

文鮮明先生は結婚の動機について語っておられます。

「結婚は、私のためではなく相手のためにするものです。結婚するとき、立派な人やきれいな人ばかりを追い求めるのは間違った考えです」（自叙伝228ページ）

「結婚は、ただ婚期が来た男女が出会って一緒に暮らすことではありません。結婚は犠牲の上に成り立ちます。男性は女性のために生き、女性は男性のために生きなければなりません。私の利己心がすべて消えるときまで、絶えず相手のために生きなければなりません」（自叙伝230ページ）

誰もが、幸福を願って結婚しますが、その動機が、自分の幸福のためであれば不幸の道に迷い込み、動機が相手の幸福であれば、幸福の道を歩めるのです。結婚は、相手の幸福のためにするのです。

幸福は人のために生きる人生の中にあります。

ご主人さんは、「人のために」の「人」と言う言葉を、「妻のために」と置き換えてみましょう。「幸福は妻のために生きる人生の中にあります」となります。

奥さんは、「人のために」を「夫のために」に置き換えてみましょう。幸福は夫のために生きる人生にあります。となります。

姑《しゅうとめ》さんは、「人のために」を「嫁のために」に置き換えてみましょう。幸福は嫁のために生きる人生にあります。

お嫁さんは、「人のために」を「姑のために」に置き換えてみましょう。幸福は姑のために生きる人生にあります。

「私のために」を「人のために」と置き換えたとき、幸福の門が開かれるのです。

【第十一章】

世界が一つになって平和に暮らす

私は理念と宗教の違いゆえに相手を憎み、互いに敵となった国どうしの間に、平和の橋を架ける仕事に生涯を捧げました。

イスラーム（イスラム教）とキリスト教が融和するように交流の場を設けたり、イラクをめぐって対立する米ソの意見を調整したり、北朝鮮と韓国の和解に尽力したりしました。名誉や金欲しさでしたのではありません。物心がついて以来、今に至るまでの私の人生のテーマはただ一つ、世界が一つになって平和に暮らすことです。他のことは眼中にありません。昼夜を問わず平和のために生きることは容易ではありませんが、ただひたすらその仕事をする時、私は幸福でした。（自叙伝16ページ）

私の願いは、世の中を幾重にも囲んできた塀と垣根をきれいさっぱり壊して、一つになる世の中をつくることです。宗教の塀を壊し、人種の垣根を取っ払い、富む者と貧しい者の格差を埋めた後、太古に神様がつくられた平和な世の中を復元するのです。飢えた人もなく涙を流す人もない世の中ということです。（自叙伝19ページ）

愛の反対は無関心です

人間は誰しも幸福を求めて生きています。誰もが、自分と家族が幸福になりたいと願っています。それは、あまりにも当然なのですが、それほど願いながら、本当の幸福になれた人が、何人いるのでしょうか。

あなたのお父さん、お母さん、おじいさん、叔母さん、幸福で満たされていましたか。先祖の皆さんはこの世で幸福だったのでしょうか。幸福を切ないほど願っているあなたは、今、幸福ですか？　これから、もっと、もっと、幸福になれる自信がありますか。

文鮮明《ムンソンミョン》先生は、少年時代に人の幸福を真剣に追求しました。

「私は人々の流れる涙をぬぐい、心の底に積もった悲しみを吹き払う人になりたかったのです。……人々に幸福をもたらす者になろうという心だけは固まっていきました」（自叙伝58ページ）

そして、もう一つ悟られたのは、自分と家族だけの幸福を求めても、真の幸福にはなれない、ということだったのです。

「物心がついて以来、今に至るまでの私の人生のテーマはただ一つ、世界が一つになって平和に暮らすことです。……ただひたすらその仕事をする時、私は幸福でした」（自叙伝16ページ）

「『私さえ幸せに暮らせばよい、私の家庭さえ守ればよい』という言葉は、私の辞書にはありません」（自叙伝229ページ）

人類が幸せにならないと、私も幸せになれない。なぜでしょうか？　人は人類という絆《きずな》で結ばれているからです。人類が犬や猫などの動物たちと根本的に異なるのは、人類が全て幸福にならない限り、自分自身も幸福になれないということなのです。

テレビで、アフリカの内乱や貧困で餓死する子供の姿を見れば、心を痛めます。何かをしてあげたくなります。人類は家族なのです。人間には人類愛という尊い本性があります。人種や民族が違っていても、誰かが苦しみ悲しめば、自分の心に伝わってきます。だからこそ、人類は神聖な存在なのです。犬猫のように（失礼かもしれませんが……）食べていても満足しないのです。アメリカの黒猫が白犬に噛《か》まれても、日本の秋田犬が、心を痛めることはありません。忠犬ハチ公でも、そこまでは及びません。黒猫解放運動など始めないのです。

「四方の壁から嘆きの声が聞こえるとき、私一人の幸福はありえない」という詩を聞いたことがあります。

南側の壁から、飢えた子供の叫びが聞こえ、北側の壁から、戦争で親を失った子供たちの嘆きの声が聞こえ、西側の壁から、貧困で餓死する老人たちの最後のあがきが聞こえ、東側の壁から、人種差別で苦しみにあえぐ女性たちの悲鳴が聞こえるならば、私の心は痛んで幸福になれないのです。

もし、他の誰が苦しもうと幸福になれるなら、人間とは、なんと無慈悲な存在でしょうか。かつて、マザー・テレサが日本に来たことがあります。神様の啓示を受け、インドのカルカッタで、身寄りがなく、病気で苦しみ、路傍で死を待つ老人や孤児たちに救いの手を差し伸べました。

そのマザーが経済繁栄のまっただ中にあった日本に来たことがありました。インタビューした記者にマザーは、「あなたは愛の反対はなんだと思いますか?」と質問したそうです。

記者は答えられませんでした。マザーはこう言いました。「愛の反対は無関心ですよ……」。

貧困で餓死する人たちに無関心で、自分たちの豊かさに酔いしれている日本は、むしろ、

「愛のない貧しい国ですよ」と言いたかったのかもしれません。

文鮮明先生は飢餓問題の解決こそが世界平和のための最重要課題だと考えておられました。

「今も私たちが生きている世界では、一日だけで四万人が飢えて死んでいっているのです。自分のことではない、自分の子供のことではないと知らないふりとしていてはいけません」（自叙伝３１７ページ）

世界平和のツボは朝鮮半島

世界全体から飢餓、戦争、貧困、人種差別などが消滅しない限り、私たちの幸福はあり得ないのです。

では、どうしたら、世界平和は実現するのでしょうか？　世界が魔法のように一挙に良くなることはあり得ません。世界の問題が凝縮している、人体で言えばツボのような箇所があるはずです。そこが回復すれば、全てが良くなる箇所があるのです。整体師さんはツボを見いだして矯正します。

文鮮明先生はいわば、名医のような方で、「世界のツボ」を見いだして集中治療に当たったのです。文鮮明先生が発見した世界平和のツボ、そこは朝鮮半島です。

「朝鮮半島は世界情勢の縮図です。朝鮮半島で血を流せば世界が血を流します。朝鮮半島が和解すれば世界が和解し、朝鮮半島が統一されれば世界が統一されるのです」（自叙伝259ページ）

文鮮明先生は、朝鮮戦争のとき、北朝鮮から避難民として、三八度線を越えましたが、線上で誓いの祈祷をされました。

「三八度線で南北が分断された地点に到着した時、私は片方の足を韓国に、もう片方の足を北朝鮮にかけて祈祷を捧げました。

『今はこのように強く押されて南下していくとしても、必ずもう一度北上していきます。自由世界の力を集めて必ず北朝鮮を解放し、南北を統一します』

避難民の群れに交じって歩いて行く間も、ずっとそう祈り続けました」（自叙伝119―120ページ）

ではなぜ、朝鮮半島なのでしょうか。三つの理由があります。

第一に、朝鮮半島の地政学的位置です。朝鮮半島は、海を挟んで日本、アメリカに対して、大陸では中国、ロシアと接しています。北朝鮮問題の解決のために、六カ国協議がもたれましたが、まさしく朝鮮半島の統一には、大国同士の和解と一致が必要不可欠なのです。

第二は、朝鮮半島の分断は単なる国境線をめぐる国同士の対立ではありません。同じ民族が、思想の対立で血を流し合って対立しているのです。民主主義と共産主義の思想的対立が根底にあります。日本で言えば、関東と関西が思想的対立で、二つの国家を形成して対峙しているようなものです。それゆえ、北朝鮮は共産中国が、韓国は日本、アメリカなどの民主主義国家が支援しているのです。共産主義と民主主義の統一がなければ、根本的解決は困難なのです。

第三に、世界文明史の潮流が朝鮮半島で結実するからです。エジプトの大陸文明から始まった文明はギリシャ、ローマなど半島文明から、イギリスの島嶼《とうしょ》文明を経て、朝鮮半島で結実します。文鮮明先生はそのように捉えています。

韓国では、西洋文明の宗教的核であるキリスト教と、東洋文明の宗教的基礎となる仏教、儒教が定着して、見事に融合調和しています。

「朝鮮半島は東洋と西洋の文明が出会う場所であり、大陸文明と海洋文明が出会う所です」（自叙伝286ページ）

世界平和は朝鮮半島の統一からなるのです。それゆえ、世界平和実現の時代が迫ってくると必然的に世界の関心が、朝鮮半島に向かいます。いわゆる、韓流ブームが起こるのです。世界的に韓流ブームを引き起こしたのは、歴史ドラマ「チャングムの誓い」です。

「『チャングム』はヨーロッパ、アフリカ、イスラム圏など六〇カ国に輸出され、世界中で放映される最初の韓国時代劇となった。歴史書の中で眠っていたチャングムがよみがえり、全世界に存在を知らしめたのだ」（『チャングム、イ・サンの監督が語る韓流時代劇の魅力』イ・ビョンフン著、集英社、40ページ）

日本では、あるドラマと韓国俳優で韓流ブームが噴出しました。ご存じ、「冬のソナタ」とヨン様こと、ペ・ヨンジュンさんです。ある中高年の婦人は、「冬のソナタ」をビデオで五十回見たそうです。決まって同じ場面で涙を流します。しかも、子供と夫を早く寝かしつけてから、見るといいます。夜通し見続け、少し仮眠してから、さらに見るそうです。睡眠時間、二時間でも、生命力にあふれています。体調が悪くても、「ヨン様を見れば、たちまち回復する」と言いました。正に、ドクター・ヨンです。

最近では、朝鮮半島の歴史をテーマにした、韓国ドラマがヒットしています。ついに、日本史よりも、韓国古代史に詳しい、日本婦人たちが登場しているのです。かつて、「近くて遠い国」と言われていたことを思うと、奇跡です。

李方子《りまさこ》さんの生涯

朝鮮半島の統一に関心をもつこと、韓国への心の壁をなくすこと、それはとても貴重なことです。歴史的に、日本人こそ、最も、朝鮮半島統一に、貢献すべきなのです。

皇族でありながら、韓国のために尽力した日本女性がいました。李方子さんです。李方子さんは、一九〇一年（明治34年）に皇族梨本宮家にお生まれになりました。宿命的な韓国との関わりは十五歳のときに始まりました。新聞の見出しを見て驚いたのです。

「李王世子の御慶事、梨本宮方子女王と御婚約」

李王世子とは、朝鮮王朝最後の皇帝、純宗《スンヂョン》の弟君で、李垠《りぎん》、という方です。この瞬間から日本と韓国、朝鮮との〝愛の架け橋〟となる生涯が始まり、韓日国際結婚の先駆けとなったのです。

「2学期の最初の登校日、方子は着慣れた銘仙とえび茶色の袴で学習院の門をくぐった。しかし、その髪は中心から分けて横に梳《す》き流す韓国式に結われていた。

彼女を待っていたのは祝福の言葉だけではない。早くに婚約が整った者への羨望や、『皇太子妃といっても朝鮮の方では……』という蔑む声もあった。その中へ韓国式に髪を結い、昂然と登校して来た方子の覚悟に、見つめる学友たちは圧倒され感心したという」（『世界が愛した日本』四條たか子著、竹書房、171ページ）

結婚した二人には大きな困難を越えていかなければなりませんでした。日本の朝鮮統治、太平洋戦争、日本の敗戦と朝鮮半島の解放、政治的混乱と南北分断、未曾有の歴史的混乱の時代を、夫婦で生き抜いたのです。

夫婦がようやく韓国に定着できたのは、一九六三年のことでした。夫、李垠さんにとって実に、五十六年ぶりの還故国でした。

しかし、既に六十六歳、病気でベッドに伏す人となって、一九七〇年に亡くなられました。夫の生前中、夫婦で誓い合ったことがありました。韓国の恵まれない子供たちを支援することです。

李方子さんは、残りの人生を韓国の子供たちのために燃焼させました。

「これからの残りの人生を、韓国の社会が少しでも明るく、不幸な人がひとりでも多く救われることを祈りつつ、一韓国人として悔いなく生きてゆきたいと願っております」（同

193ページ）

一九八九（平成元）年「4月30日に永眠した方子の葬儀は5月8日、準国葬並みの扱いで、李王朝の礼式にのっとって行われた。日本の天皇皇后両陛下から届けられた弔花や、昭和天皇の弟君である三笠宮崇仁《たかひと》殿下、百合子妃らに見送られた方子の棺は、南揚州市金谷洞《クムゴクトン》に眠る夫・李垠の隣に運ばれた」（同166ページ）

「日韓の架け橋として生涯を過ごした彼女の言葉通り、漆塗りの棺が御陵に降ろされた。すると、それまでこらえていた天から突然泣き出したかのような雷鳴がとどろき、激しい雨が降り出した。篠つく雨の中で棺に土がかけられ、御陵が元通りの姿を取り戻すと、雨はぴたりと止んだ」（同167ページ）

李方子さんの功績を福祉事業を携わってきた人はこう評しています。

「第一に60年代には誰もやっていなかった身体障害者福祉を始めたこと。第二に日本の皇族出身者でありながら率先して奉仕活動をしたことで、韓国民の日本女性に対するイメージをよくし、日韓関係を和らげる役割を果したこと……」（同196ページ）

方子さんは生前中、こう語られたといいます。

「私の祖国は2つあります。ひとつは生まれ育った国。もうひとつは骨を埋める国」（同167ページ）

愛の架け橋となる結婚

李方子さんは、日韓両国の国際結婚の先駆けとなり、愛の架け橋となったのです。文鮮明先生は、韓日、日韓の結婚を通して、両国の愛の絆を強めようとしています。その成果は着実に実を結んでいます。

韓国の新聞に、日本から来た嫁が夫の両親につかえ、「親孝行賞」を授与されたという記事がしばしば載るそうです。

韓国に嫁いできた日本人の嫁が、体の不自由な姑と年老いた舅を真心を込めて奉養し、周囲の人たちの推薦で親孝行賞を受けたという内容です。彼女は結婚した翌日から、身体障害二級で下半身不随の姑を背負って病院を転々としながら看病を始めました。舅と姑の世話をするために一度も心置きなく帰国できなかった彼女は、当然の責務を果たし

ただけだと、親孝行賞をもらったことに対してかえって心苦しく思ったそうです。(自叙伝224ページ)

世界平和は、政治、経済、文化の交流によって成されていきますが、根本的に一つにするのは、真の愛です。真の愛は国境、民族、宗教の壁を越える力を持っています。真の愛は結婚によって開花します。そして、新たなる世界人類が誕生するのです。

理想的な平和世界を成し遂げようとするとき、交叉祝福《こうさ》(他民族他宗教との結婚)より早い道はありません。他の方法では時間がどのくらいかかるか計算もできないことが、交叉祝福によって、二、三世代経《た》てば奇跡のように成し遂げられます。ですから、平和世界が少しでも早く訪れるよう、国境を超えてお互いに怨讐《おんしゅう》と思っている国の人どうしで結婚しなければなりません。結婚する前は「あの国の人は見るのも嫌だ!」と言いますが、その国の人が夫になり妻となれば、半分はもうその国の人となって、あらゆる憎しみが、雪が解けるように消えていきます。そのように二代、三代とそれを維持していけば、憎しみは完全に、根こそぎなくなります。(自叙伝227ページ)

【第十二章】

一つの岩、一瞬の風にも神様の息遣いが隠れている

私たちの周りに存在するすべてのものは、想像もできないほどの複合的な力が結びついて生まれているのです。また、その力は密接に連関して相互につながっています。大宇宙のあらゆる存在物は、一つとして神の心情の外で生まれたものはありません。木の葉一枚揺れることにも宇宙の息遣いが宿っています。(自叙伝51ページ)

自然を大切にして保護する近道は、自然を愛する心を持つことです。道を歩いていて一株の草を見ても、涙を流すことができなければなりません。一本の木を抱きかかえて泣くことができなければなりません。一つの岩、一瞬の風にも、神様の息遣いが隠れていることを知らなければならないのです。自然を大切にして愛することは、神様を愛することと同じです。神様がつくられたすべての存在を愛の対象として感じなければなりません。博物館にある一つの作品がいくら立派だとしても、生きている神様の作品には及びません。道端に咲く一輪のタンポポが新羅の金の冠より貴いのです。(自叙伝316ページ)

自然との交感を楽しむ人

人は誰でも幸福を求めて生きています。そのため、時として仕事や家事の忙しさから解放されて自然を満喫しようとします。心の疲れを解きほぐそうとします。自然を観光しに行きます。観光は、〝光を観る〟と書きます。文字どおり、人生の「光」を「観る」ために行くのです。日本には、たくさんの素晴らしい観光地があります。北海道の大自然、箱根、芦ノ湖、富士山、そして、九州の雄大な阿蘇山。

では、有数の大自然でしか、光を観ることはできないのでしょうか。観光地に行っても、必ず、家に帰らなければなりません。翌日から、仕事と家事が待っています。もし、大自然の観光しか、心を解放することができないならば、人生のほんの一時しか、幸福を満喫できません。富士山の山頂に庵を立てて住むわけにはいかないのです。

しかし、ご安心ください。文鮮明《ムンソンミョン》先生は、「全て」の自然との触れ合いが、人間を幸福に導くと言われます。観光地の素晴らしい大自然だけではなく、全ての自然と言われるのです。

観光地が箱根だったとします。東京から車や電車に乗って箱根に行きます。箱根で山や湖を観光して、心が安らぎます。温泉につかって体をリフレッシュさせます。そして、再び帰ります。疲れているので、寝てしまいます。(運転手は起きています)

では、箱根に行く途中に、自然は全くなかったのでしょうか。そんなことはありません。自然だらけです。道路脇には雑草が生い茂っていました。花も咲いていました。遠くに山がそびえていました。そして、空があり、白い雲がたなびいていたのです。鳥も飛んでいました。自然の中を通って箱根に着き、自然の中を通って自宅に帰ったのです。

でも、途中では、感動しませんでした。どうして、有名な箱根を観光して、途中の自然は観光できなかったのでしょうか? 自然に貴賤《きせん》、上下があるのでしょうか。交通費のかかる箱根の自然は尊くて、無料で見れる雑草は卑しいのでしょうか。毎日、会社や学校に行く途中で足元に咲いている花や雑草は、見る価値がないのでしょうか。

そうではありません。全ての自然万物には尊い価値があるのです。「光を観る」ことができるのです。もしも、私たちがそのように感じられれば、毎日、観光地で生活していることになります。歩くだけで、幸福を満喫できるのです。無料です。では、どうしたら、そんなお得なことができるのでしょうか。

それが、「一つの岩、一瞬の風にも神様の息遣いが隠れている」ことを感じ取る心、なのです。自然万物に神様の愛を感じる心が、なければならないのです。それができる人を、「自然との交感を楽しめる人」（自叙伝52ページ）だと言われます。人間に幸福をもたらすのは、すべての自然に神様の愛を感じる心なのです。

文鮮明先生は、道端に咲く雑草やタンポポが、世界的名画や歴史的展示物より尊いのだと言われます。

「神様がつくられたすべての存在を愛の対象として感じなければなりません。博物館にある一つの作品がいくら立派だとしても、生きている神様の作品には及びません。道端に咲く一輪のタンポポが新羅（古代朝鮮半島の国家）の金の冠より貴いのです」（自叙伝316ページ）

「門前の、何の価値もなく立っているように見える一本の木を見ても、世界の名作、画家が描いたどのような絵とも比較できません。

いくら絵を眺めても、そこに花が咲きますか？　香りがありますか？　ないのです。

ところが、木からは種が生み出されるのです。その種を植えれば、その木よりも素晴らしい木がいくらでも出てくるのです」（『天運を呼ぶ生活』１６８―１６９ページ）

世界的画家の一人に、ゴッホがいます。有名な「ひまわり」を描きました。おそらく、時価で、何十億でしょう。展示会があれば、美術愛好家たちは美術館に殺到します。自動車、電車に乗って、入場料を払って鑑賞します。ある、ゴッホの絵に魅せられた人がいたとします。

夏の季節でした。車で三時間かけて、美術館に来て、「ひまわり」を見て感動して、車で帰ったとします。

この人が価値を認め感動したのは、ゴッホの「ひまわり」の絵でした。ところが、その道筋には、ひまわりがたくさん咲いていたのですが、全く気づきませんでした。本物のひまわりには感動しなかったのです。

では、絵画の「ひまわり」に価値があって、道端の「ひまわり」には全く価値がないのでしょうか。

文鮮明先生は、道端に咲いている「ひまわり」が、ゴッホの「ひまわり」より、価値がある、と言われるのです。なぜなら、いのちがあって、香りがあり、繁殖するからだと、いわれます。絵画の「ひまわり」はどんなに見事であったとしても、香りを発散しません、たくさん増える、ということもありません。美術館が、ひまわり、だらけになります。

道筋の「ひまわり」は神様の作品そのもので、人の手をかけていません。道端こそ自然の大美術館で、「ひまわり」が神様の手で展示してあるのです。もし、心の門が開けば、道端の、ひまわり、に神様の光を、観ることができるのです。すべての自然に神様の愛を感じる人を、「自然との交感を楽しむ人」というのです。

「自然との交感を楽しめる人であってこそ正しい人格が身に付くと言えます。……自然も、人も愛せない人は、神を愛することができません」（自叙伝52ページ）

自然は神様の贈り物

私たちが、自然に囲まれながら生きているのに、価値を認めず、感動がないのは、自然万物の本質的意義が分かっていないからです。文鮮明先生のみ言によると、自然万物には三つの意義があります。

第一には、自然万物は、神様の愛の贈り物、プレゼント、なのです。親なる神様が子女である人間の幸福のために下さった贈り物なのです。それゆえ、全ての自然万物には神様の愛が込められています。

ある貧しい家の子供がいたとします。学校から帰ってきて机の上を見ると、一本の鉛筆が置いてありました。子供はその鉛筆を握り締めて泣きました。貧しさの中で必死に働く母親の精いっぱいの誕生日プレゼントであることを悟ったからです。

私たちが通り過ぎる道端の木や草は神様の愛のプレゼントで、親の愛が込められているのです。「道を歩いていて一株の草を見ても、涙を流すことができなければなりません。一本の木を抱きかかえて泣くことができなければなりません。一つの岩、一瞬の風にも、神様の息遣いが隠されていることを知らなければならないのです。自然を大切にして愛することは、神様を愛することと同じです」（自叙伝316ページ）

もし、私たちが、全ての自然万物に神様の愛を感じられるなら、仕事や学校の道筋で、愛で満たされるのです。

神様と自然と言えば、私たちは神社にお参りに行くことがあります。参拝者は、手をすすぎ、社の前で、合掌して、神様と向き合います。では、神様は、神社の社にしかいらっしゃらないのでしょうか。鳥居をくぐって参道を歩くと、両脇に、杉の木などが、凛《りん》としてそびえたっています。風がそよぎ、木のささやきが聞こえます。この静寂の中に、神様の愛が込められているのです。参道そのものが、神様の愛との出会いなのです。神社に限らず、教会に行くとき帰るとき、既に、道端で神様の愛に出会っているのです。

自然は神様の分身

二番目は、全ての自然万物は神様の分身だ、ということです。全ての自然万物は見えない神様が実体で現れたものなのです。もちろん、神様の姿そのものではなく、ごく一部の姿です。でも、神様の愛をもっているのです。

神様の愛は無償の愛です。人間の幸福のために見返りを求めずに与える愛です。その愛を最もよく表しているのが、空気です。空気は目には見えませんが、実在しています。人間にとって不可欠な存在です。

ある人に聞いてみました。「あなたはどのようにして生きていますか？」その人は答えました。「当たり前だろ、食って生きてるのさ」。

この答えは一見、納得できる答えのようですが、正確ではありません。人は食べなくてもしばらくの間、生きることができます。それに、仕事の最中は食べていません。終わってから食事しているのです。

正解は、「空気を吸って生きている」です。どんなにお金があっても、ご馳走を前にしても、空気がなければ瞬間的に死んでしまいます。

文鮮明先生の七番目の子女である亨進《ヒョンジン》氏は空気の大切さについて語っておられます。「真のお父様（文鮮明先生）は、『神様は愛の空気で呼吸される。これが霊界の法度だ。空気とは何か。愛である』（『成和学生の道』54ページ）と語られています。

神様は、愛を通して生命を下さるのです。呼吸は、私たちを支えている生命の力です。呼吸を通して、私たちは、自然界と連結されます。つまり、呼吸するとき、酸素と二酸化炭素を授け受けし、植物世界と連結されるのです。息をしなければ、数分以内に死ぬしかありません。ですから呼吸は、私たちの存在にとって、見えない〝食糧〟です。そしてこれは、神様が下さった貴重な贈り物なのです」（『天和堂』113ページ）

空気は二十四時間人のために生きています。誰からも感謝されず、意識されなくても、ひたむきに人のために生きています。まさに神様の愛です

では、水はどうでしょうか。水も私たちの生活に欠かせないものです。水がなければ、水は飲めません。当たり前です。顔を洗えず風呂にも入れません。食材も洗えず、洗濯もできません。汚れをとれなのです。

どんな豪邸でも、水道管がなくて水がでなければ、欠陥住宅です。人は水のお世話になって生きているのです。でも、水に感謝していますか？

水は神様の愛そのものです。まず、色が凄いです。無色透明。色のない奇跡の色です。だから、顔を洗え、洗濯ができるのです。蛇口から真っ黒の水が出てきたらどうでしょう。それで洗えば、顔が真っ黒になってしまいます。黒色の風呂に入れますか？　墨汁に体をつけるようなものです。

しかも、水は人間の好みどおりに姿を変えてくれます。コップに入れればコップの形になり、洗面器に入れれば、円い形になります。「いやです」と拒否しません。「やってられません」と反発しません。とっても素直で、我がありません。人のために徹してるので、我がないのです。そして、人の顔や食器についた汚れを付けて下水道に去っていきます。なんとも言えないかっこ良さです。

まるで、アメリカ映画、「君の瞳に乾杯」のセリフで有名な『カサブランカ』の主人公みたいです。（主演、イングリッド・バーグマン、注：この映画を知っている人は年配の人です）

神様のメッセンジャー

三番目は、神様のメッセンジャーだ、ということです。神様は、汚れなき自然を通してメッセージすることがあります。このため、心の門を開くと、自然の声を神様のおさとしとして聞くことができるのです。文鮮明先生はこのことを語られています。

「自然は神様が下さったものです。神様は自然を通して私たちに語りかけます……私たちは自然に帰り、自然が話す声を聞かなければなりません。心の門を開き、自然の声に耳を傾けるとき、自然の中から伝わる神様のみ言《ことば》を聞くことができる……」（自叙伝185ページ）

生涯何度も牢獄に入られましたが、最悪の環境の中で、神様に出会えたのは、南京虫やシラミを通して神様のメッセージを受け止められたからです。

「世の中にシラミやノミを好きな人はいないでしょう。しかし、監獄ではシラミやノミも貴重な話し相手になります。南京虫やノミを見る瞬間、ふと悟る啓示がありますが、それを逃してはなりません。神がいつ何を通して語られるか予測できません。南京虫やノミであっても貴く思って調べてみることができなければなりません」（自叙伝102ページ）

私たちも、お祈りしたあと、心を素直にして自然万物を観れば、そこに、神様の声を聞くことができるのです。

自然万物にも心があって、私たちに何かをささやきかけているようです。こんな話があります。

花に関心がない青年がいました。花を粗末に扱っていたのです。仕事の関係で部屋に花を飾っても心を込めませんでした。ある日、花を飾ったあと、もう一度、誰もいない部屋に入って、仰天したそうです。「向きを変えてー。向きを変えてー」と言う女性のか細い声が聞こえたからです。

部屋には誰もいません。「いったいどこから聞こえてくるのだろう?」声の主を探してみると、驚いたことに、壁際に活けてある花が叫んでいるではありませんか。よく見ると、咲いた花が壁に向いて置かれていたのです。

「これでは、人を喜ばせてあげられないよー、だから向きをかえてー」と叫んでいたのです。青年は、涙を流して自分の心の粗雑さを悔いたそうです。

そして、「すまなかったね」と言って、向きを変えてあげたのです。花は言いました。「ありがとうー、ありがとうー」。

おそらく、神様は花を通してこの青年を諭したかったに違いありません。「花を粗末に扱うように、人も粗末に扱ってはならない」と。

この本を読んでいるあなたも、一度、家財道具に聞いてみたらいかがでしょう。

「私が家の主人で、しあわせですか?」と。

著者
浅川勇男（あさかわ　いさお）

新潟県出身。青年のころより真理を探求し、数々の思想、哲学を研究。同時に、人間の心のあり方、家庭の幸・不幸の原因、霊界についても深い関心を持ち、仏教やキリスト教などさまざまな宗教にも造詣が深い。

現在は、霊界に関する多くの文献を研究し、その成果を体系化して、全国各地で講演を行っている。

また、文鮮明先生自叙伝心の書写講演会でも講演を行っている。

著書に『幸福と不幸の本当の理由』、『幸・不幸と霊界の仕組み』、『家庭運アップの秘訣』、『文鮮明師自叙伝に学ぶ心の書写』、『幸せを引き寄せる』（いずれも光言社）などがある。

文鮮明先生の自叙伝に学ぶ　心のあり方

2013年10月2日　　初版発行

著　者　浅川勇男
発　行　株式会社　光言社
〒150-0042 東京都渋谷区宇田川町37-18
TEL（代表）03(3467)3105
http://www.kogensha.jp

印　刷　株式会社 ユニバーサル企画

ISBN978-4-87656-177-3